AF318623

# L'ASIE CENTRALE

## AUX XVIIᵉ ET XVIIIᵉ SIÈCLES

### EMPIRE KALMOUK OU EMPIRE MANTCHOU ?

BIBLIOTHÈQUE NATIONALE — R. F. — IMPRIMÉS

# TABLE DES MATIÈRES

# AVANT-PROPOS

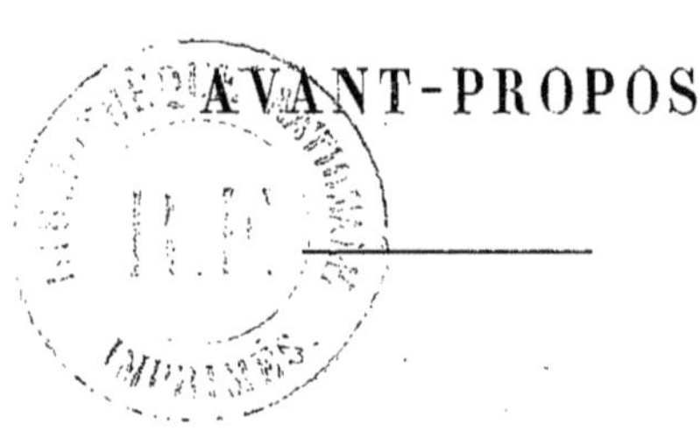

Les événements qui se déroulent à présent en Chine et dans l'Asie centrale justifieraient cette étude, si l'intérêt de la question traitée avait besoin d'être démontré. L'avenir de la Mongolie et du Tibet touche directement la Russie, la Grande-Bretagne, le Japon, médiatement les autres Etats qui dirigent la politique du monde ; il n'est donc pas indifférent de connaître le passé de ces régions et de savoir comment s'est construit cet Empire Mantchou dont les dernières pierres se détachent aujourd'hui spontanément. Entre la Russie, puissance asiatique dès le xviie siècle, et la Chine, dont la conquête mantchoue refait un Etat conquérant, s'étend alors le rideau des pasteurs nomades, Mongols pour la plupart, hardis, orgueilleux de leur passé, ennemis nés des peuples sédentaires, jaloux les uns des autres et difficiles à discipliner. De côté, le Tibet, profondément divisé, refait imparfaitement son unité par le lamaïsme et marque ses voisins de son empreinte religieuse ; les maîtres du Tibet, du haut de leurs montagnes, pèseront sur le nord et sur l'orient. Tels sont les acteurs du drame qui se joue en deux siècles environ : les Mongols appuyés sur le Tibet reverront-ils à l'est et à l'ouest leurs triomphes du xiiie siècle ?

Maurice Courant.

1

Celui qui parle d'histoire européenne, doit admettre que les personnages et les peuples sont familiers, que les faits antécédents sont présents à l'esprit de tous ; s'il expose des événements nouveaux pour le lecteur, une phrase suffit à en marquer la place et à les rattacher aux séries déjà établies. Pour l'histoire de la Chine et de l'Asie centrale, on ne saurait procéder de même ; à tenir le milieu historique et social pour connu et à y vouloir rattacher un récit de circonstances enchaînées, on risquerait d'échafauder dans le vide ; la première nécessité pour l'historien, c'est de poser ce milieu ; il est donc contraint de remonter beaucoup plus haut, d'aller beaucoup plus loin, de présenter explicitement les acteurs dont il pourra ensuite conter les faits et gestes. D'un côté, le lecteur, par tout ce qu'il sait, collabore avec l'écrivain ; de l'autre, dans nos études spéciales, le lecteur attend de l'écrivain toute son information.

Pourtant la Chine du xviie et du xviiie siècle, la conquête mantchoue, l'expansion de l'Empire ont été dès longtemps ·révélées à l'Europe, par les missionnaires qui évangélisaient tout le pays et fréquentaient même au Tibet, par les explorateurs, officiers et savants, dont le plus grand nombre était au service russe. Mais ces témoignages divers devaient être rapprochés, cette histoire devait être confrontée avec les textes chinois. Les Chinois écrivent beaucoup ; peut-être sont-ils le peuple qui a le plus écrit. Si nous n'avons pas accès à leurs archives, nous avons plus que leurs ouvrages, itinéraires, mémoires, histoires ; un personnage du siècle dernier, Wang Syen-khyen, originaire du Hou-nan (je ne sais la date de sa naissance, il vivait encore en 1903), mandarin au bureau des Annales de la porte Tong-hwa, a publié sous le titre de *Tong hwa lou* une vaste compilation tirée des archives officielles ; toutes les pièces qu'il a copiées, il les a rangées par ordre chronologique, si bien qu'il nous a donné non pas les annales, mais le journal de la dynastie des Tshing : en lisant le Tong hwa lou, on a l'illusion de lire la Gazette de Péking. Quelques erreurs se sont glissées dans les copies, cela est inévitable ; mais en somme la coïncidence avec les documents différents, avec le P. Gerbillon, avec le P. de Mailla, avec Mir Abd oul Kerim Boukhari, est tout à fait satisfaisante. Ni le Tong hwa lou et les auteurs chinois seuls, ni les données européennes isolées ne suffisent à nous éclairer. Le rapprochement des dates, le texte des décrets nous fait mieux comprendre des faits obscurs, par exemple les événements de Lhasa en 1696-1697, ou l'attitude d'Amoursana en 1755 ; seuls les Chinois nous content leurs démêlés avec les Soungar de 1727 à 1740 ; mais si nous n'avions qu'eux, nous prendrions ce peuple pour une armée de pasteurs pillards, alors que les Russes et Savary des Bruslons nous montrent une nation nomade, mais policée et commerçante.

Il existe d'autres textes chinois relatifs aux mêmes faits ; surtout il en pourra venir de Chine bien d'autres encore. Il m'a paru toutefois qu'en insérant les faits tirés principalement du Tong hwa lou, dans la trame d'histoire déjà établie, on pouvait marquer de manière assez précise la direction des événements : c'est ce que j'ai tenté de faire pour le sujet défini plus haut.

# NOTE SUR LES TRANSCRIPTIONS ET SUR LES DATES

Les lettres sont prises avec la valeur française, sauf les exceptions suivantes :

*g* a toujours le son guttural, comme dans *gant*.

*h* comme initiale de syllabe et dans les combinaisons *kh*, *tchh*, *th*, *ph*, *lh* (*k* + *h*, *tch* + *h*, *t* + *h*, *p* + *h*, *l* + *h*) représente un souffle guttural.

*s* a toujours le *son sourd*, comme dans ces deux derniers mots.

*y* pour les mots russes dans les combinaisons *ya*, *you*, répond au *j* allemand ; ailleurs il transcrit *i* sourd.

*n* dans les combinaisons telles que *an*, *in*, etc. garde toujours sa valeur sonore (*ane* et pas *an*, *ine* et pas *in*).

La terminaison molle du russe est rendue par l'apostrophe.

Les dates sont données exceptionnellement d'après le calendrier grégorien, le plus souvent d'après le calendrier chinois; l'année chinoise commence de trois à six semaines après l'année grégorienne

# L'ASIE CENTRALE

AUX XVII<sup>e</sup> ET XVIII<sup>e</sup> SIÈCLES

## EMPIRE KALMOUK OU EMPIRE MANTCHOU ?

---

### I

### LES MONGOLS AU XVI<sup>e</sup> SIÈCLE. — CONVERSION AU LAMAÏSME.

En 1368, à la fin de l'été, le khâkân Toghon Timour quittait nuitamment sa capitale, et il pleurait ainsi. « Ma grande ville de Tai-tou parée d'une splendeur variée ! Chang-tou, ma délicieuse et fraîche retraite d'été ! Et ces plaines jaunissantes, charme et délassement de mes ancêtres divins ! que de mal j'ai commis pour perdre ainsi mon empire ! » La domination mongole en Chine s'écroulait presque d'une masse ; à la même heure elle chancelait en Russie et recevait bientôt (1380) dans la plaine de Koulikovo le premier des coups qui devaient peu à peu la morceler et l'abattre. Réfugiés au nord du désert où les Chinois les poursuivaient, les successeurs de Toghon Timour ne tardaient pas à voir leur autorité contestée par les khân des tribus, à subir le joug de tel ou tel chef. Le khân des Dourben Ouïrat, c'est-à-dire de la plupart des Kalmouks ou Mongols occidentaux, prit même vers 1450 le titre avec le pouvoir de khâkân ; par les assassinats, les massacres, les guerres, les Bordjig, la race sacrée de Tchingiz khân, étaient presque anéantis. C'est pourtant alors

que les Mongols orientaux occupent de nouveau quelques
districts limitrophes de la Chine et reprennent au sud de la
muraille leurs courses et leurs pillages; c'est peu après Esen
le Tchoros[1] que paraît Dayân khân (1470), unique héritier
des Bordjig, qui ramena la fortune à sa race et à son peuple,
qui réorganisa les tribus des Mongols orientaux. A la même
époque les Mongols de la Grande Horde tentaient en vain une
dernière invasion et reculaient devant la Russie unie d'Ivan III
(1480).

Après la mort d'Esen khân (1452 ou 1454), les Mongols en
partie continuèrent de porter le joug des Ouirat; Mandaghol
khân, descendant de Tchingiz, périt (1467) à la suite d'une
guerre contre son petit-neveu et héritier, Bolkho djinong, qui
fut lui-même assassiné sans avoir assumé le titre de khân; de
la race des Bordjig, il restait un enfant fils de Bolkho djinong,
âgé de cinq ans, délaissé de tous même de sa mère remariée
(1470). Mandoughai Setsen khâtoun, la jeune veuve du dernier
khân, prit le petit prince sous sa protection; elle le mena
devant l'autel d'Aloung Goa, aïeule et déesse protectrice des
Bordjig, et jura de le défendre et de l'épouser plus tard; l'ayant
fait asseoir sur un trône devant la déesse, elle le proclama
Dayân khân, puis forma le souhait qu'il régnât un jour sur
tous les Mongols unis et qu'elle lui donnât sept fils qu'on
nommerait les sept Bolod, les sept hommes d'acier, et une
seule fille. Ensuite, avec l'enfant, elle prit le commandement
de ses fidèles et infligea une défaite aux Dourben Ouirat. Vingt
ans plus tard (1491 ou 1492), la khâtoun est encore dépeinte
à la tête d'une armée qui repousse les Quatre Ouirat; non sans
peine, elle renverse donc la suprématie des Kalmouks. Cependant elle accomplit aussi un autre de ses vœux; en 1482, elle

---

[1] Le *Mong kou yeou mou ki*, liv. 11, fait de Tchoros le nom de la race
royale des Soungar et des Tourbet. L'Empereur Khyen-long *(Tong hwa lou,
Khyen-long, LVIII, f. 3 v°)* fait de Soungar un synonyme de Dourben Ouirat
et énumère quatre sections principales, Tchoros, Tourbet, Khochot, Tourgout, plus celle des Khoit, vassale des Tourbet.

donne au khân deux jumeaux, Toro Bolod et Oulous Bolod, puis successivement en une dizaine d'années cinq autres fils et une fille ; le khân a quatre fils de plus, nés de deux autres femmes : la race des Bordjig a recouvré sa force et son éclat, une partie des Mongols orientaux sont groupés autour de Dayân khân. Le corps principal de la nation dépendant des héritiers de Tchingiz était traditionnellement divisé en deux ailes, segon gar à l'ouest et baraghon gar à l'est, la première obéissant directement au khâkân ou souverain suprême, la seconde placée sous l'autorité d'un djinong, que le khâkân choisissait parmi ses frères ou ses fils. La première aile comprenait les Tchakhar, section du souverain, les Khalkha et les Ouryangkhan, chaque section, toumen, comptant plusieurs tribus ; de même les tribus de l'autre aile étaient organisées en trois toumen, Ordous, Thoumed et Djoungchiyabo. Les tribus, toumen et gar, à l'origine, avaient peut-être été des divisions militaires : elles étaient devenues des corps héréditaires obéissant à une hiérarchie de chefs qui se succédaient le plus souvent de père en fils ; chaque Mongol, homme du peuple ou noble, devait à son chef immédiat le service militaire et l'impôt en nature. La nation mongole étant essentiellement nomade, ayant été bouleversée par les guerres du xvie et du xviie siècles, il est difficile de préciser quelles étaient au xve siècle les terres de parcours des diverses tribus ; il est du moins établi que de 1497 à 1505 les attaques de Dayân khân et des généraux mongols furent constantes et presque toujours heureuses le long de la frontière chinoise depuis le Lyao-tong jusqu'au Tibet. Touchés par les succès du khân et par la fortune renaissante de la race impériale, trois chefs des Baraghon Toumen vinrent demander au prince de reprendre l'exercice de son autorité sur eux et de leur donner comme djinong un de ses fils : le second, Oulous Bolod, fut désigné et investi en présence des dieux ; mais une partie des Baraghon Toumen refusa de le reconnaître, l'attaqua et le tua dans une mêlée. Il en résulta entre les deux ailes des Mongols une lutte opiniâtre ; Dayân, d'abord vaincu, triompha ensuite grâce à l'alliance des Khortchin, une tribu indépendante qui obéit aux descendants de Khasar, frère de Tchingiz khân; il poursuivit les rebelles jusqu'au Kouk nor, où il reçut leur soumission; il leur donna comme djinong son troisième fils, Barsa Bolod *(1512)*, et lui-même en solennité prit le titre de khâkân devant « les huit tentes blanches » de Tchingiz : il semble que les tentes où le conquérant vécut, aussi bien que le vaisseau pyramidal en or où l'on conservait ses restes, étaient devenues pour ses descendants un objet de culte et un palladium. Selon la prière de Mandoughai khâtoun, les six toumen étaient réunis sous l'autorité du khâkân. Dayân dut encore réprimer une rébellion des Ouryangkhan, en supprimant leur toumen et répartissant les familles parmi les cinq autres; il vécut jusqu'à un âge avancé; à sa mort (1543), les toumen restants, selon la coutume, furent partagés entre ses fils qui, depuis de longues années, commandaient sous lui aux diverses tribus. C'est à lui qu'il faut remonter pour comprendre les rapports existant dans la période moderne entre les tribus des Mongols.

Comme il arrive souvent, le premier rôle n'échut pas aux plus élevés en dignité; les chefs de la branche aînée, souverains des Tchakhar et khâkân de tous les Mongols orientaux, les djinong, aînés dans la descendance de Barsa Bolod, firent peu parler d'eux. Bodi khân, petit-fils et successeur de Dayân, établit son peuple au pied de la Grande Muraille dans le pays de Kalgân (Tchaghân) : du nom que portait alors ce district serait venu celui des Tchakhar. Déjà depuis 1528 ou 1530, le djinong, soit Barsa Bolod, soit son fils Goun Bilik Mergen, avait planté ses tentes au nord du Cheàn-si, dans la boucle du fleuve Jaune devenue ainsi pays des Ordous; et un peu plus tard le frère cadet de Goun Bilik, célèbre sous le nom d'Altan khân, chef des douze Thoumed, quittant cette contrée aride, avait passé à l'est du fleuve dans la région de Koukou khoto[1]; les

_______

[1] Ou Kwei-hwa tchheng.

Tchakhar furent accompagnés ou rejoints dans leur migration par les Kharatchin (anciens Djoungchiyabo) et par leurs propres vassaux, Kechikteng, Abagha, Khagotchid, Sounid, Bârin, Aokhân, Naimân, etc., qui occupèrent le sud-est du désert jusqu'à la vallée du Lyao. Vers le milieu du xvi<sup>e</sup> siècle, la nation mongole en grande partie revenait battre la frontière chinoise, jusqu'à une journée de Péking; les mêmes tribus campées sur les mêmes plateaux, dans les mêmes vallées, forment aujourd'hui les quarante-neuf bannières des Mongols dits intérieurs. Le héros des Baraghon Toumen fut Altan khân. Né en 1507, on le voit en 1529 envahir le district de Ta-thong au Chan-si et rapporter un riche butin; pendant près de trente ans, il laisse passer bien peu d'années sans franchir la frontière chinoise au moins une fois, souvent deux et trois fois; du Cheàn-si, du Chan-si, du Tchi-li, il revient avec des captifs, des troupeaux, des marchandises précieuses en quantité colossales; en 1542, on parle de deux cent mille prisonniers, de deux millions de têtes de bétail; il éclaire les faubourgs de Péking de ses incendies; il commande non seulement à ses Thoumed, mais aux hommes de son neveu le djinong et aux guerriers des tribus voisines, tous les chefs subissent son ascendant. Mais il ne paraît pas songer à dépasser sa condition, vassal fidèle du djinong et du khâkân, qui le traite avec honneur et le nomme Soutou khâkân. Chef de guerre, Altan khân par sa valeur et ses succès profitables rend un grand prestige aux Mongols orientaux. Il semble avoir aussi quelques idées politiques, telles que les nomades en ont d'habitude à l'égard des peuples riches et sédentaires; plusieurs fois (1550, 1574) il obtient l'ouverture dans des places frontières de marchés où les tribus pourront, en payant une taxe, échanger leurs bestiaux contre des produits chinois; mais les marchands redoutent les attaques des partis de cavaliers mongols, les mandarins se méfient et les transactions ne se poursuivent jamais longtemps, bien que le khân essaie d'imposer une règle à ses compatriotes et fasse payer des amendes considérables par des seigneurs qui ont molesté des Chinois. Altan khân envoie aussi des ambassadeurs et des présents à la Cour, il finit par être considéré comme tributaire et par accepter un sceau d'or avec le titre de Chwen-yi wang ou roi de Chwen-yi (1571), signes d'intentions pacifiques[1].

En même temps, Altan khân poursuit la lutte contre les Dourben Ouirat, les Quatre Alliés, ceux que les Européens appellent Kalmouks. Au nombre des Quatre Alliés, on énumère les Tchoros, comprenant les diverses tribus des Khoit, des Soungar, des Tourbet, qui obéissent à une même race royale antique et d'origine mystérieuse comme celle des Bordjig; en second lieu, les Tourgout, enfin les Khochot, appelés parfois Olout, commandés par la race de Khasar, frère de Tchingiz khân. Simples alliés ou tribus issues d'une souche commune, les Dourben Ouirat ont dès longtemps les uns avec les autres entretenu des relations suivies et noué des liens de famille, tout autant qu'ils se distinguent des Mongols propres, sujets et vassaux des Bordjig; mais, n'ayant pas été pétries ensemble par la puissante main du grand khâkân au même degré que leurs parents orientaux, ces tribus, également pastorales et guerrières, ont davantage gardé leurs traditions propres et

---

[1] A. M. Pozdnêev a découvert au Yong-hwo kong, à Péking, une lettre en chinois et en mongol, datée de 1580 et émanant d'Anda, Altan khân. Le prince fait allusion à son voyage chez les Si fan, ou Tibétains orientaux. Il a reçu de la Cour le titre de wang en 1571; son neveu le djinong et d'autres membres de sa famille portent aussi des titres chinois; tous concourent à la défense de la frontière chinoise et envoient régulièrement des présents avec un tribut de 500 chevaux pour les Thoumed, de 200 chevaux au nom du djinong; des échanges commerciaux se font tous les mois dans les postes de la frontière. Altan khân demande des récompenses pour un certain nombre de princes mongols. Cette lettre est suivie d'une peinture sur une longue bande de même hauteur; on voit à gauche sous une tente Altan khân et sa femme, à droite les remparts de Péking, entre deux, circulant dans un paysage et franchissant la Grande Muraille, la caravane du tribut *(Novootkrytyï pamyatnik mongol'skoï pis'mennosti vremen dinasti Min*, avec une reproduction de la pièce originale; dans *Vostotchnyya zamêtki, Sbornik statéï i izslêdovaniï professorov i prêpodavatéléï fakoultêta vostotchnykh yazykov*, pp. 367-386; 1 vol. in-4, Saint-Pétersbourg 1895. — Compte rendu détaillé par M. Ed. Chavannes, *Journal Asiatique*, janvier-février 1896, pp. 173-179).

persisté dans leurs dissensions. Toutefois elles ont atteint la suprématie au xvᶜ siècle. Un prince tourgout, Ougetchi, écrasa le khâkân Elbek (1399), soumit une grande partie des Mongols et laissa le pouvoir et le titre suprêmes à son fils Esekou qui mourut en 1425 ; Ougetchi et Esekou tinrent prisonnier le fils d'Elbek khân, Adzai ; celui-ci eut plus tard le titre de khâkân (1434), mais seulement après la mort d'un Khortchin ou Khochot, Adai (Alouthai) qui avait épousé la veuve d'Elbek et s'était fait proclamer khâkân aux huit tentes blanches Les chefs tchoros Mahamou et Toghon taidji luttèrent pendant ce demi-siècle à la fois contre les khâkân et contre les Tourgout et préparèrent la domination de leur fils et petit-fils, Esen, qui écrasa la Chine, fit prisonnier l'Empereur et régna comme khâkân jusque vers 1454. Les Tchoros à cette époque parcouraient toute la Chine du nord, tantôt pour échanger leur bétail, tantôt pour piller les Chinois ; vainqueurs du khâkân Adai, ils repoussaient vers le nord-est une partie de ses tribus khortchin et faisaient entrer dans leur alliance le reste, c'est-à-dire les Khochot émigrés au Kan-sou. Au nord-ouest, les Dourben Ouirat tenaient à la fois Karakoroum (Ho-lin), les pâturages de l'Ili, l'oasis de Hami (Khamil).

La mort d'Esen khân fut le signal de leur ruine ; Dayân khân renversa leur suprématie, son petit-fils, Altan khân, des Thoumed, les dispersa et fut aidé dans cette œuvre par Khoutouktai Setsen khongtaidji, son petit-neveu, petit-fils de son frère le djinong. Karakoroum fut reprise (1552), les Tourgout et les Khochot battus sur l'Irtych commencèrent lentement leur migration vers l'ouest ; la région de Togmak fut plusieurs fois envahie (1572, 1574), les Baghatoud (Tourbet et Soungar) ne se maintinrent que par l'habileté de leur chef, le prince khoit Eselbei kya. En une autre expédition (1566), Khoutouktai Setsen pénétra au Tibet et ramena plusieurs lama ; les Mongols du xvıᶜ siècle adoraient les esprits, pratiquaient quelques-uns de ces rites que l'on dit chamanistes, ou étaient affiliés à l'ordre rouge du lamaïsme ; bientôt après

1566, les Ordous commencèrent d'embrasser le lamaïsme réformé ; les suites de ce fait, en ce qui concerne l'Asie centrale et orientale, ne sont pas encore épuisées. La campagne de Setsen khongtaidji avait été marquée de divers miracles ; ainsi, ce prince, mystérieusement averti de l'existence d'un sage Tibétain, Astok Vadjra Tonmi Sanggasba, lui apparut monté sur une panthère avec une barbe et des sourcils flamboyants, à l'instar d'une divinité ; il le décida à passer chez les Ordous et il fit de lui son premier ministre. La guerre s'achevait donc par le triomphe de la finesse tibétaine qui enrôlait le vainqueur au service de ses dieux et lui imposait un conseiller. Quelques années plus tard, une invasion d'Altan khân en personne eut les mêmes résultats : le grand chef mongol emmena prisonniers plusieurs lama qui devinrent bientôt influents. Enfin en 1576, le Soutou khâkân fut visité par son petit-neveu Khoutouktai Setsen, devenu fervent observateur du bouddhisme ; il se laissa persuader de rétablir la religion jadis prêchée par Phagspa lama, protégée par Khoubilai khâkân, délaissée ensuite. Un conseil fut tenu entre les chefs des Baraghon Toumen qui envoyèrent une ambassade pour inviter Sodnam gyamtsho khoutoukhtou à visiter les princes mongols ; ce saint personnage répondit par une lettre d'acceptation et par des présents.

Sodnam gyamtsho était depuis 1543 le troisième successeur du réformateur Tsongkhaba, qui avait à la fin du xive siècle fondé l'ordre strict des Géloug pa astreint au célibat et à l'observance des règles anciennes, repoussant en partie les pratiques de sorcellerie des lama rouges. Dans l'ordre jaune des Géloug pa comme dans les autres ordres, l'autorité spirituelle du chef et des principaux dignitaires, dits khoutoukhtou ou saints réincarnés, se transmet par des incarnations successives ; tous les gyamtsho depuis Gédoun (1476-1542) sont animés par l'esprit de Gédoundoub (1388-1474), disciple et successeur de Tsongkhaba en même temps qu'incarnation de la divinité Avalokiteçvara ; après la mort d'un de ces saints personnages, son esprit choisit pour demeure et organe le corps d'un enfant en bas âge, que des signes révèlent comme le nouveau chef de l'église jaune ; la personnalité des autres khoutoukhtou se perpétue, de même en une série de générations mystiques. Chaque khoutoukhtou, et surtout le gyamtsho, est entouré d'une hiérarchie de lama qui d'habitude entrent au monastère dès l'enfance et, par des études, des épreuves appropriées, se préparent à leur rôle de découvreurs et conseillers du saint réincarné, directeurs du spirituel et du temporel de l'ordre, éducateurs du jeune clergé. Près de Lhasa et du vieux monastère de Dépoung, Tsongkhaba avait fondé les lamaseries de Galdan (1407) et Séra (1418); son successeur put trente ans plus tard (1446) affronter l'ordre rouge sur son propre terrain en établissant à Chigatsé le monastère de Tachilhounpo devenu la seconde métropole des Géloug pa. Le quatrième pontife, Sodnam gyamtsho, avait consacré son activité à prêcher en personne sa foi à travers tout le Tibet, quand les campagnes et l'ambassade des Mongols lui ouvrirent un vaste terrain de propagande.

Pour recevoir dignement l'hôte attendu, Altan khân bâtit un temple dans les environs du Kouk nor; puis (1577) accompagné de représentants des trois Baraghon Toumen, il partit à la rencontre du Bogda gyamtsho. Trois détachements mongols chargés de présents de plus en plus précieux se succédèrent devant le Bogda, le troisième était commandé par Khoutouktai Setsen; à chaque fois, le Bogda manifesta son pouvoir par des miracles. Dans l'entrevue suivante du pontife avec Altan khâkân et Khoutouktai khongtaidji, les deux princes reconnurent dans leur interlocuteur un personnage qui, bien des années auparavant, leur était apparu, leur révélant le précepte du respect de toute vie. Sodnam gyamtsho confirma ces souvenirs et rappela aux princes mongols les relations entre eux et lui-même dans de précédentes existences ; ainsi, quand Altan khâkân vivait en la personne de Khoubilai khâkân, le gyamtsho n'était autre que Phagspa lama. Par là le pontife se rattachait, et tout l'ordre jaune avec soi, aux traditions les plus respectées et des Mongols et de l'ordre rouge. Ensuite le khâkân conduisit Sodnam gyamtsho au temple récemment édifié ; il lui offrit des vases d'or, des étoffes de soie, des chevaux blancs tout harnachés, présents symboliques et précieux. Dans les fêtes célébrées à cette occasion, Khoutouktai formula solennellement son adhésion au bouddhisme et entraîna l'assentiment de toute une assemblée de cent mille hommes, Mongols, Tibétains et Chinois. Les hauts personnages présents réglèrent le culte à l'usage des nouveaux fidèles ; les fêtes accoutumées des Mongols furent conservées et consacrées par des prières bouddhiques ; les sacrifices d'animaux furent interdits ; il fut même défendu d'abattre le bétail ou de chasser les fauves pendant les trois mois du jeûne annuel. Le clergé fut organisé en quatre rangs, respectivement assimilés aux classes des khongtaidji, des taidji, des thabounang et zaisan, des ognigod ou hommes libres ; les règles de la discipline furent fixées et sanctionnées par des châtiments sévères. L'église mongole ainsi fondée, Altan khâkân décerna au gyamtsho le titre de Vadjradhâra dalai (talé) lama, qui est encore la désignation habituelle du pontife suprême des Géloug pa ; Sodnam gyamtsho répondit en octroyant aux princes mongols des titres non moins pompeux. Le djinong Bouchouktou lui-même s'engagea à faire transcrire tout le Kandjour en lettres d'or et d'argent ; de moindres seigneurs promirent d'élever des temples ou des statues. Alors le talé lama rentra au Tibet, tandis qu'Altan khân regagnait son territoire à l'est du fleuve Jaune accompagné par Dongkour Mandjousri khoutoukhtou qui fut l'apôtre des Mongols et dont les descendants réincarnés ou tchakhân nomen khân séjournèrent d'abord à Koukou khoto, puis au sud du fleuve. Par cette alliance d'un pouvoir militaire et d'une autorité purement religieuse se formait une puissance mixte qui allait prendre une large place dans la politique de l'Asie orientale.

Le grand khâkân des Thoumed mourut quelques années

après (1583), non sans avoir été favorisé de nouveaux miracles. Son fils Sengé Dougoureng Timour, d'accord avec les
autres chefs des Baraghon Toumen, envoya au talé lama les
offrandes dues à l'occasion du décès d'un khân et pria le pontife de venir visiter les fidèles de Mongolie. Sodnam gyamtsho
se mit aussitôt en route, signalant son passage par des prodi-
ges qui affermissaient la foi des populations. En 1585, il
s'arrêta au camp de Setsen khongtaidji, puis à celui du
djinong, distribuant des instructions de plus en plus appro-
fondies, faisant jurer aux princes de tenir une conduite paci-
fique les uns envers les autres, leur conférant des degrés
supérieurs d'initiation. Il passa ensuite chez les Thoumed et
blâma l'enterrement d'un personnage tel qu'Altan khân ; il
procéda donc à l'exhumation et à l'incinération ; dans les
cendres se trouvèrent de nombreux charil (çarîra) ou reliques.
C'est sans doute chez les Thoumed que le pontife reçut la nouvelle du décès de Khoutouktai Setsen (1586) ; il lui survécut
peu, étant mort l'année suivante ou en 1588, après avoir reçu
à la fois deux missions de caractère et d'importance analogues : l'une était envoyée par le khâkân des Tchakhar, l'autre
venait de Péking et lui apportait des présents, le titre de
lama suprême et l'invitation de se rendre à la Cour ; le descendant de Khoubilai et l'Empereur des Ming recherchaient
l'alliance du religieux tibétain.

On peut croire que, lors de sa transmigration, le talé lama
Sodnam était encore chez les Thoumed ; c'est du moins chez
eux qu'apparut sa réincarnation, dans la personne de Dalai
Erdemtou, appelé par les Tibétains Yontan gyamtsho. Le quatrième pontife n'étant autre qu'un petit-fils de Sengé Dougoureng Timour, prince des Thoumed, la fructueuse union des
Tibétains et des Mongols s'affirma, peut-être surtout au profit
de ces derniers, tant que le jeune Bouddha vivant resta dans
sa tribu et près de sa famille d'origine. Quand il dut rentrer à
Lhasa (1600 ou 1602) pour y être intronisé après avoir reçu
les enseignements d'un des principaux chefs de l'ordre jaune,

Tchhosgyi Gyaltsan, abbé de Tachilhounpo, ses conseillers eurent soin de maintenir l'alliance, d'en étendre même la portée, en plaçant au nord de la Mongolie, chez les Khalkha, une divinité réincarnée, troisième en dignité dans l'ordre jaune, le Maidari (Maitreya) khoutoukhtou ou tcheptsoun dampa taranatha, qui réside encore aujourd'hui à Ourga. Ce dignitaire eut souvent à consacrer les princes de la lignée des djinong comme de celle d'Altan khân, qui d'autre part recevaient de Lhasa des titres élevés, une ou deux fois même celui de khâkân. En réponse ces chefs servaient de toutes façons la religion lamaïque ; l'un d'eux, Sanang Setsen khongtaidji, petit-fils de Khoutouktai Setsen, se fit l'historien des Mongols et de leur conversion ; un fils de Bouchouktou djinong visita (vers 1625), les mains pleines d'aumônes, les principaux sanctuaires du Tibet, reçut de l'abbé de Tachilhounpo une initiation supérieure ; mais il ne put obtenir que le talé lama Lobdzang, cinquième gyamtsho, allât au pays des Ordous et des Thoumed comme avaient fait ses prédécesseurs : les lama se méfiaient des complications entre les tribus mongoles et craignaient pour le pontife un séjour prolongé en une demi-captivité.

Le lamaïsme, ne s'arrêtant pas chez les Baraghon Toumen, pénétra sans tarder chez les Tchakhar et chez les Khalkha, moins en vedette à cette époque que les tribus commandées par Altan khân et Khoutouktai Setsen. A l'heure même où ceux-ci adhéraient publiquement à l'ordre jaune, Toumen, khâkân de tous les Mongols, se convertissait, promulguait dans une assemblée générale un code de lois inspirées du bouddhisme et méritait ainsi le titre de Sasaktou khâkân ; un seigneur de chaque toumen eut mission de veiller à l'application du nouveau code ; pour les Ordous, Khoutouktai Setsen fut chargé de cet office ; pour les Tchakhar, ce fut Amoutai khongtaidji, que l'on retrouve quelques années plus tard envoyé près de Sodnam gyamtsho et l'invitant au nom du khâkân. Lingdan khoutoukhtou khân (1604-1634), second successeur de Sasaktou, montra non moins de zèle que son aïeul ; il éleva une grande statue du Bouddha, bâtit des temples et fit traduire le Kandjour en mongol. Les Khalkha se rattachant de près aux Tchakhar, leur conversion fut sans doute contemporaine; en 1587 ou 1588, l'envoyé des Tchakhar rencontra un taidji khalkha auprès du talé lama et vers 1602, on l'a vu, un khoutoukhtou de rang élevé prit résidence au nord du désert. Chez les Kalmouks, le début du xviiᵉ siècle vit l'introduction du lamaïsme; le prince khochot Boibéghous Baatour (vers 1620) se convertit avec son peuple et reconnut le talé lama comme chef spirituel; c'est à son fils Ablai qu'est due la construction à l'ouest de l'Irtych, entre Tara et Sémipalatinsk, du cloître bouddhique décrit par Fischer et par Pallas sous le nom d'Ablai kit. Boibéghous Baatour sut persuader les autres princes kalmouks; le zèle fut si grand que Kharakoulla, des Soungar, Dalai taidji, des Tourbet, Ourlouk, des Tourgout, envoyèrent chacun un fils au Tibet pour y étudier et y devenir lama. Des légions de défenseurs se levaient pour le talé lama, par conviction religieuse sans doute, mais non sans espoir d'honneur et de profit.

<hr>

## II

### TRIOMPHE DU LAMAÏSME AU TIBET ; LES KHOCHOT A LHASA ET AU KOUK NOR. — LES MANTCHOUS ET LE TALÉ LAMA.

Le lamaïsme réformé, appuyé sur les Mongols, rencontrait au Tibet l'opposition du clergé rouge qu'il dépossédait et des tsanpo (gyalbo) ou rois menacés par l'autorité croissante d'un pontife tel que le talé lama. Les lama rouges, encore dominants, étaient divisés en partis ennemis qui se chassaient des monastères et du pays : c'est ainsi qu'évincé par un rival, un chef des Droug pa était allé (1557) établir au Bhoutàn une hiérarchie indépendante et une nouvelle lignée de divinités réincarnées, les dharma râdja ; quatre-vingts ans plus tard, un lama tibétain passa au Sikhim. De même vers 1575-1580, le tsanpo abandonnant Lhasa, sa capitale, paraît s'être retiré à l'ouest dans la province de Tsang, peut-être jusqu'au Ladag ; mais il conservait des partisans dans le pays : c'est contre le prince fugitif ou ses successeurs que le talé lama fut défendu par Bouchouktou djinong (1596) et par deux chefs thoumed vingt ans après (1619). Vers 1630, un prince, ou dési, de Tsang, s'empara de Lhasa et se déclara souverain du Tibet : c'était à brève échéance la ruine de l'ordre jaune. Le talé lama Lobdzang, aussitôt qu'il lui fut possible, fit appel aux fidèles Mongols ; ceux de l'est ayant assez à faire de régler leurs rapports avec le nouvel Empire Mantchou, il se tourna vers les Kalmouks qui, récents convertis, répondirent avec enthousiasme. Les Khochot (Oloul) de l'Alachan, repoussés vers l'ouest par les armées d'Altan khân, avaient rassemblé leurs forces sous Khongor et ses cinq fils, dits les Cinq Tigres à cause d'un songe qui avait précédé leur naissance. L'aîné des Cinq Tigres, Boibéghous Baatour, l'introducteur du lamaïsme, avait laissé son oulous à ses fils Outchirtou Setsen et Ablai taidji, qui campaient l'un sur le lac Zaisan, l'autre sur l'Irtych en amont de la ville russe de Tara. Le troisième des Cinq Tigres, Goûchi, venait de se tailler un domaine dans la région d'Amdo, voisine du Kouk nor, aux dépens de certains Khalkha adhérents des lama rouges (1636) ; après un pèlerinage à Lhasa, il avait poursuivi ses conquêtes dans le Khamdo ou Tibet oriental, qu'il avait soumis à la fois à son pouvoir et à l'autorité de l'église jaune. Ce chef était tout prêt à répondre à l'appel du talé lama ; convoquant d'abord l'un de ses frères, Koundeloung Oubacha, et ses neveux, Outchirtou khân et Ablai, il eut l'art de faire encore entrer dans cette sainte ligue deux puissants princes souvent ennemis, Baatour khongtaidji (alias Kharakoulla), descendant du grand Esen khâkân, alors établi avec ses Soungar sur le haut Irtych jusqu'au lac Zaisan, et Ourlouk (Khou Ourlouk) dont les Tourgout s'étaient déjà avancés jusqu'à la côte de la Caspienne et jusque sur les rives de la Volga. Cette expédition, qui mit en mouvement le monde kalmouk d'Astrakhan'au Kouk nor, se fit probablement en 1642 ou 1643 ; le dési de Tsang fut emprisonné dans une forteresse ; un chef kalmouk, Chouker, frère de Baatour khongtaidji, ayant profité des troubles qui se prolongeaient pour faire une razzia, les princes membres de la ligue jurèrent de châtier l'envahisseur, de se tenir pour vassaux du talé lama et de lui fournir des soldats ; chacun des princes mit alors garnison dans le pays. Ce condominium se résolut toutefois en faveur de Goûchi qui reçut des terres de pâture dans le Tibet central et septentrional ; investi du titre de Nomen khân, il exerça le pouvoir effectif sous l'autorité du talé lama reconnu roi du Tibet. Les fonctions de déba ou premier ministre furent confiées à un Tibétain. Le pontife-roi abandonna les temples de Dépoung et de

Galdan où il avait accoutumé de résider, pour le palais des anciens rois, situé à l'ouest de Lhasa et qui reconstruit reçut le nom de Potala : la montagne sacrée du Potala est célèbre dans la légende du dieu Avalokiteçvara. Le talé lama, vers cette époque, soit avant soit après l'expédition kalmouke, chercha à se créer un nouvel appui dans le clergé ; Tchhosgyi Gyaltsan, d'abord abbé de Tachilhounpo, puis de Galdan, avait été précepteur du talé lama mongol Yontan, puis du talé lama régnant Lobdzang qu'il avait reconnu et consacré (1622) ; il fut promu par son élève au rang de pantchhen rinpotchhé ou pantchhen erdeni lama et déclaré incarnation d'Amitâbha, c'est-à-dire du maître spirituel d'Avalokiteçvara. Ce nouveau khoutoukhtou, second au seul talé lama, résida à Tachilhounpo dans la province de Tsang : resté sans attributions définies, il a souvent agi, par suite des faits mêmes, comme un lieutenant du pontife, parfois plus respecté étant moins mêlé aux affaires temporelles.

La révolution qui mettait le Tibet et le talé lama dans les mains des Kalmouks, puis d'un seul d'entre eux, se développa sans intervention des Mongols, ni des autres peuples orientaux ; la lutte des Mantchous contre la Chine et contre les Mongols du sud-est ne permettait à nul des rivaux pour la domination de se détourner au loin. Les Mantchous, apparus d'abord au nord de la Corée, enlevaient à l'Empire Chinois, de 1618 à 1625, la plaine du Lyao et la presqu'île du Lyao-tong, en 1629 leur cavalerie courait jusque sous les murs de Péking, de 1633 à 1639 ils se rendaient maîtres du Chan-tong et du canal impérial. La Capitale, battue de tous côtés par le flot ennemi, succomba en 1644 sous les coups de Chinois rebelles ; dès 1636[1], en donnant à sa dynastie le nom de Ta Tshing et

[1] A la 4e lune (*Tong hua lou*, Thyen-tshong, XI, f. 15). Pour tout le nord de la Chine, au fur et à mesure de la conquête, les Tshing gardèrent l'organisation consacrée des provinces et choisirent comme vice-rois, gouverneurs, préfets, soit des Mantchous, soit des Chinois ralliés. Le midi, Yun-nan, Kwang-tong, Fou-kyen avec Formose, fut provisoirement abandonné à des généraux chinois

prenant le titre impérial, le chef des Mantchous avait proclamé à la fois la déchéance des Ming et ses propres prétentions sur l'Empire. Les Mantchous, ardemment dévoués à leur souverain, dominèrent facilement leurs voisins mongols toujours divisés. C'est ainsi que le chef des Dzarod avait donné sa fille en mariage à un prince mantchou (1614); un peu plus tard (1619), une partie de la tribu soutint les Ming, tandis que la tribu voisine, les Bârin, combattaient à côté des Mantchous. Battus en 1593, révoltés et vaincus en 1608, les Khortchin prirent (1624) l'initiative de la soumission volontaire; en 1633, ils formèrent une alliance avec les Djélaid, Dourbed, Khorlos, Kharatchin, Thoumed, Aokhân, Naimân, etc.; ils y entraînèrent le chef des Solonggo (peut-être les Solon, une tribu apparentée aux Mantchous), tous ensemble envoyèrent à Thai tsong une adresse [1] où ils le reconnaissaient comme souverain et l'invitaient à prendre le titre impérial. Les Mongols préféraient la suzeraineté d'un étranger à la domination du khâkân, souverain héréditaire de leur race. Celui-ci, connu sous le titre de Lingdan khoutoukhtou, avait voulu, comme chef de la branche aînée, imposer son autorité aux maisons cadettes issues de Dayân khân, il entendait concentrer le pouvoir afin de résister aux ennemis de l'est; ses efforts, loin de détourner l'orage, le précipitèrent; depuis son expédition de 1615 au Lyao-tong, pendant près de vingt ans de luttes, tous ses vassaux

qui s'intitulèrent rois et furent des feudataires de l'Empire; en 1683, le dernier de ces vassaux étant anéanti, la région méridionale rentra dans la loi commune. Les Mantchous, et aussi un bon nombre de Mongols et de Chinois soumis de bonne heure à la dynastie, vécurent en Chine et dans les trois provinces de l'est, sans se mêler à la population; ils jouissaient par droit de naissance d'un statut personnel spécial (justice, impôt, service officiel, pensions et terres, etc.); cette aristocratie conquérante était divisée en 24 bannières (8 mantchoues, 8 mongoles, 8 chinoises) dont tous les hommes devaient le service à l'Empereur: un petit nombre seulement était appelé. Ces institutions ont subsisté jusqu'à la révolution.

[1] Une déclaration analogue fut présentée en 1635 (12e lune) par des chefs khalkha (*Tong hoa lou*, Thyen-tshong, X, f. 14), après la remise au souverain mantchou du sceau de la dynastie des Yuen miraculeusement retrouvé (8e lune; *id.*, X, f. 12).

successivement l'abandonnèrent; les uns, tels les Sounid, s'enfuirent au nord du désert jusque chez les Khalkha; la plupart reconnurent la suzeraineté mantchoue. Battu par une coalition des Ordous, Thoumed, Abagha, etc. (1627), remportant quelques succès contre les Chinois, les Khortchin et une partie des Ordous, Lingdan fut enfin pourchassé par les Mantchous et se dirigea vers le Tibet : il périt dans sa fuite (1634). Ses fils reçurent de la Cour mantchoue un traitement distingué[1]; sa tribu, les Tchakhar, forma huit bannières assimilées aux bannières mantchoues, tandis que les autres Mongols du sud-est étaient organisés en six ligues et quarante-neuf bannières, dites des Mongols intérieurs. Comme peuple indépendant, toutes ces tribus avaient achevé leur rôle; elles ne se résignèrent pas sans retour. En 1675, les grands feudataires du midi étaient en pleine révolte. Bourni, prince des Tchakhar[2], fit appel aux vassaux de ses ancêtres, aux Thoumed, aux Naimân; repoussés par plusieurs tribus, ses émissaires formèrent cependant une ligue qui devait jeter sur Péking, dit-on, cent mille guerriers. Averti, le jeune Empereur, connu sous le nom de Khang-hi s'assura le concours des Mongols fidèles, lança des troupes sur les autres. La conspiration avait été connue vers le milieu de la 3e lune; le 22 et le 23 de la lune suivante, les principaux rebelles avaient péri les armes à la main. Ce fut la dernière menace provenant des Mongols intérieurs[3].

Dans les conditions rappelées tout à l'heure, les maîtres du Tibet ne pouvaient donc se désintéresser des nouveaux conquérants de la Chine et ceux-ci, ne fût-ce qu'à propos de leurs sujets mongols, devaient tenir compte du pontife de Lhasa; les Ming, avec moins de raisons que les Mantchous, avaient déjà senti cette nécessité et envoyé à Sodnam gyamtsho une mission restée sans résultat. Goûchi khân, à peine établi au Tibet oriental, expédia des présents à l'Empereur mantchou, ses

---

[1] L'un d'eux épousa une fille de l'Empereur (1636, 1re lune).
[2] Le prince Satchar de Mailla.
[3] *Tong hwa lou*, Khang-hi, XIII, f. 51 r°; XV, ff. 4 à 6.

envoyés arrivèrent à Moukden à l'automne de 1637. Un peu
après, l'Empereur répondit au « khân des Tibétains » et, suivant les conseils des Mongols, écrivit au « grand lama préposé
à la loi bouddhique » (10e lune 1639); le tchakhân lama, résidant chez les Ordous vassaux des Mantchous, eut mission de
porter la lettre. Dès l'année suivante, le talé lama, le pantchhen
lama, le dési de Tsang et Goûchi khân répondirent à l'empereur Thai tsong, manifestant le désir de resserrer leurs relations avec lui. Une ambassade solennelle[1] quitta bientôt Lhasa
avant la rupture ouverte entre l'ordre jaune et le dési de Tsang;
à son arrivée à Moukden (10e lune 1642). elle ignorait la suite
des événements et en était encore incomplètement informée à
son départ (5e lune 1643); avec un khoutoukhtou représentant
à la fois le talé lama et le pantchhen lama, qui portait une
lettre scellée et de riches présents et qui était accompagné de
nombreux lama, elle comprenait des envoyés des Olout
(Khochot) et du dési de Tsang, comme si les parties avaient
voulu prendre Thai tsong pour juge de leurs différends. Le
khoutoukhtou fut traité avec des égards particuliers, dispensé
du prosternement et invité à s'asseoir sur le même lit que
l'Empereur, tandis que les autres envoyés devaient observer
le cérémonial ordinaire: au départ l'Empereur, à la tête des
princes et beile, reconduisit ses hôtes jusqu'à quelque distance.
Les réponses destinées aux deux chefs de l'ordre jaune furent
rédigées en termes particulièrement courtois; la lettre adressée
à Goûchi khân, tout en le comblant d'éloges, insinuait qu'il
serait bon de faire vivre en paix les lama jaunes et rouges. A
l'égard du dési, qui avait demandé la protection impériale pour
les chefs de l'un des ordres rouges, à l'égard de quelques lama
rouges importants qui s'étaient probablement fait représenter
à Moukden, Thai tsong se montrait plus réservé; mais il leur
envoyait des présents. Malgré l'invite de tous les partis,
l'Empereur trouvait la question du Tibet insuffisamment

---

[1] *Tong hwa lou*, Tchhong-te, VII, f. 42; VIII, f. 45.

mûre[1] ; de plus, en 1643, les affaires de la Chine orientale lui commandaient l'expectative vers l'ouest. Cinq ans plus tard (5ᵉ lune 1648), la cour mantchoue se jugea en sécurité à Péking ; elle chargea de lettres et de présents un lama très respecté qui alla inviter les deux pontifes suprêmes du Tibet pacifié à venir visiter l'Empereur ; des propositions d'alliance[2] contre les Khalkha furent adressées au Nomen khân Goûchi (10ᵉ lune 1649). Le pantchhen erdeni lama, Tchhosgyi Gyaltsan, s'excusa sur son grand âge ; le talé lama, plus jeune, se décida au voyage. A l'automne de l'année 1652, il arriva chez les Ordous et en avisa l'Empereur, proposant que celui-ci le vînt rencontrer au nord du Chan-si, vers Ta-thong ou Kwei-hwa (Koukou khoto). La Cour mi-mantchoue mi-chinoise de Péking se divisa sur cette proposition. Les conseillers chinois représentaient que l'Empereur, souverain suprême, ne saurait convenablement se déplacer pour rencontrer le lama et que celui-ci, avec sa suite de trois mille hommes, ne pouvait sans dépense excessive pénétrer sur le sol chinois ; il suffirait de lui envoyer des présents par des dignitaires de haut rang. Les officiers mantchous, plus au courant des affaires mongoles, opinaient que l'attitude du pontife aurait la plus grande influence sur la conduite des Khalkha encore fort imparfaitement rattachés à l'Empire ; il était donc de bonne politique de se concilier Lobdzang gyamtsho, qui d'ailleurs ne faisait que se rendre à une invitation réitérée du gouvernement mantchou. Après délibération approfondie, un prince de premier rang est alors désigné pour escorter le talé lama jusqu'au nord de Ta-thong, à Tai-kha, où l'Empereur doit se rendre de son côté ; mais, avant la fin de la 9ᵉ lune, on prend prétexte de signes

---

[1] Encore en 1657, les Mantchous étaient incomplètement informés de la situation ; on voit à la 6ᵉ lune l'Empereur faire demander au talé lama qui est un certain roi Tchhean-hwa, de Wou-seu-tsang, qui a plusieurs fois envoyé le tribut et qui paraît se rattacher aux dési de Tsang (Tsang-pa khân) et aux anciens souverains du Tibet (*Tong hwa lou*, Chwen-tchi, XXVIII, f° 20 v°).

[2] *Tong hwa lou*, Chwen-tchi, XIII, f. 7.

astrologiques pour contremander le voyage impérial[1]; quelques semaines plus tard, le talé lama est installé au Si hwang seu (temple jaune) qui a été construit pour le recevoir à moins de deux kilomètres au nord de Péking. La résidence de la plaine du Tchi-li déplut aux Tibétains; reçu une première fois à la douzième lune, le talé lama eut son audience de congé à la deuxième lune suivante (1653) et se retira chargé de présents; à Tai-kha, le dignitaire chargé de l'escorter lui remit un sceau et un brevet d'investiture en or énumérant ses titres : Bouddha autonome grandement excellent, chef de l'Eglise bouddhique, vadjradhâra talé lama, répandant universellement l'aide pour le passage escarpé. Le pontife avait été entouré de témoignages de respect, traité en prince indépendant; mais, sous les phrases officielles, on distingue la superbe impériale qui devait choquer les Tibétains; le souverain de Péking ne parlait plus comme celui de Moukden.

Goûchi khân, mort peu après (1656), eut pour successeurs comme protecteurs du Tibet son fils Dayân khân, puis son petit-fils Dalai khân (1670), qui toujours fidèles au talé lama se renfermèrent dans leur rôle militaire. Lobdzang gyamtsho continua donc de jouir en paix de la puissance où les circonstances, où sa sagesse, où l'appui du vénérable pantchhen rinpotchhé Tchhosgyi Gyaltsan l'avaient élevé. La fin de celui-ci (1662) n'ébranla pas l'édifice. Le gouvernement de Lhasa savait obtenir et accorder; si un marché lui était ouvert au Seu-tchhwan pour le commerce des chevaux et du thé, il prescrivait d'autre part aux taidji des Khochot de se conformer aux ordres de la Cour (1667); peu après (1670), il se faisait remettre par Wou San-kwei, le prince presque indépendant du Yun-nan, le territoire de Tchong-tyen obéissant jusqu'alors au chef indigène de Li-kyang, il y installait une garnison de lama et un marché ouvert aux Mongols et aux Tibétains; douze ans plus tard, la Chine dut envoyer des troupes pour re-

---

[1] *Tong hwa lou*, Chwen-tchi, XIX, f. 27 r°; XX, f. 35 r°, etc.

prendre possession de ce territoire. A travers la lutte terrible de Wou San-kwei contre l'Empire, le talé lama se plaignait des empiètements commis par le prince du Yun-nan et promettait aide et soumission à l'Empereur, tandis que les lama empêchaient Dalai khân, allié des Mantchous, de faire descendre ses Khochot au Yun-nan : si bien qu'une enquête secrète sur les agissements du gouvernement tibétain fut prescrite en 1680. Alors la mort du feudataire révolté (11ᵉ lune 1678) avait rétabli la paix au sud-ouest [1].

En Chine donc, et dans les trois provinces dites mantchoues, un puissant empire encore dans l'ascendant de la conquête, appuyé sur la vassalité des Mongols du sud-est; au Kouk nor et au Tibet une tribu énergique soutenant une autorité religieuse reconnue au loin, ces deux pouvoirs liés à la Chine par des services mutuels; seuls au nord les Khalkha, les Soungar, les Tourgout, les uns hésitants, les autres toujours en marche vers l'occident, perpétuent les guerres de tribu à tribu, les razzias chez les sédentaires : tel est le spectacle qu'au lieu des querelles religieuses, des incessantes migrations armées, du déclin des Ming, offre, au milieu du xviiᵉ siècle jusque vers 1670, la partie de l'Asie centrale et orientale qui avoisine la Sibérie. Sur les confins de ce pays, les colons russes rencontrent d'abord les Kalmouks, bientôt les Khalkha, plus loin et plus tard l'Empire Mantchou avec son système de vassaux et d'alliés. Mongols d'occident et d'orient sont interposés entre les deux empires qui de Moscou et de Péking s'avancent l'un vers l'autre.

[1] *Tong hwa lou*, Khang-hi, I, f. 4 vᵒ; VII, f. 26 vᵒ; XIV, f. 57 rᵒ; XV, f. 5 vᵒ; XXV, f. 3 vᵒ; XXVIII, f. 14 vᵒ; XXX, f. 21 rᵒ.

# III

## LES KHALKHA.

Quand les Ordous, les Thoumed, les Tchakhar suivis par nombre d'autres tribus avaient reflué jusqu'aux frontières de la Chine propre, une section entière du Segon Gar, les Khalkha, était restée au delà du désert, peut-être sur les bords de la rivière Khalkha et du lac Bouyour, au nord-est de la Mongolie ; ces tribus formaient l'apanage de Geresandza, le plus jeune fils de Dayân khân, l' « enfant du foyer », avantagé et pourvu au berceau même de la famille, suivant la coutume mongole. Nombreux et riches, les Khalkha s'étaient répandus sur toute la région montagneuse et arrosée, depuis le Bouyour nor et le Dalai nor jusqu'à l'Oupsa nor et au Kemtchik. Longtemps les descendants de Geresandza gardèrent leur fidélité au khâkân chef des Tchakhar et s'abstinrent du titre de khân. Mais, les liens se relâchant, au début du xviie siècle on trouve deux khân chez les Khalkha de l'ouest, tous deux petits-fils du fils de Geresandza. L'un d'eux, Chouloui Oubacha khongtaidji, chef d'une branche cadette, campait à l'extrême ouest, vers le haut Eniséï ou au sud des montagnes ; en 1609 il dominait diverses peuplades, Toubintsy, Motory, Kyrghyz[1] ; il était voisin des Russes ; ceux-ci, après ses tributaires kyrghyz, l'intitulaient Altyn khân ou Altan khân, le roi d'or. L'autre était Laikhor khân, chef de la branche aînée des princes khalkha, redoutable aux Soungar qu'il poussait en Sibérie ; un peu plus tard, l'Altyn khân les chassait jusqu'à l'Irtych. Laikhor, vain-

---

[1] Dits aussi Kyrghyz noirs ou Bourout.

queur des Kalmouks, avait reçu de son peuple le titre de khân qu'il fut le premier à porter dans la famille de Geresandza ; son fils Soubati s'intitula Dzasakthou khân et transmit cette désignation à ses descendants. Chez les Khalkha de l'est, sur la rivière Keroulen, Chouloui, petit-fils du cinquième fils de Geresandza, s'attribua lui-même le nom de Tsetsen (Setsen) khân. La bienveillance des pontifes tibétains multiplia les titres analogues, alors tout à fait exceptionnels chez les Mongols au sud du désert ; avant la fin du xvie siècle, en effet, des relations s'étaient établies et régularisées entre les Khalkha et l'ordre jaune, au début du xviie les lama jouaient souvent le rôle de conseillers des divers souverains mongols du nord qui prenaient l'habitude d'envoyer quelques-uns de leurs fils au Tibet pour y entrer en religion ; les Khalkha du centre vers les rivières Toula et Keroulen, d'abord partisans des lama rouges, furent rattachés à l'ordre réformé par Toumengken, fils du troisième fils de Geresandza. Grâce à ces relations, le talé lama créa khân Abatai, frère aîné de Toumengken, puis Toumengken lui-même et l'un de ses fils ; d'Abatai proviennent les Thouchethou khân, de Toumengken les Sain noyan khân. Dzasakthou, Thouchethou, Tsetsen et Sain noyan sont encore les désignations des quatre souverains des Khalkha.

Le plus occidental des princes khalkha, l'Altyn khân, nous est connu surtout par ses relations avec les Russes qui l'appelaient Kounkantchéi, c'est-à-dire khongtaidji. Quelques années après la fondation de Tomsk (1604), le voèvoda, autorisé par Moscou, résolut de sonder son puissant voisin ; il fit choix (1616) comme envoyés de l'ataman de Tara, Vasiliï Tyouménets, et d'un dizenier d'origine lithuanienne, Ivan Pètrov, qui, remontant le Eniséï à travers le pays kyrghyz, dépassant le Kemtchik, trouvèrent le khân campé au lac Oupsa. Les Russes, accompagnés d'un chef kyrghyz qui servait d'interprète, furent admis à l'audience du souverain dans la tente du khoutoukhtou de la tribu : ils énumérèrent les titres du tsar devant le khân et sa cour, qui non seulement les écoutèrent avec respect, mais consentirent à jurer fidélité ; après quoi ils distribuèrent les présents qu'ils avaient apportés, étoffes, plats et bols d'étain, chaudrons, couteaux, miroirs et boutons de métal, parures de corail, miel, beurre, etc. La mission, partie probablement à la fin de l'été de Tomsk, y rentra en novembre et fit consigner à la chancellerie le récit de son voyage [1] ; elle ramenait deux envoyés khalkha, qui allèrent présenter à Moscou la soumission de leur maître. Mais l'accord entre Russes et Khalkha fut bientôt mis à l'épreuve par l'attitude de ceux-ci qui, justement alors vainqueurs des Kalmouks, étaient peu disposés à témoigner de la déférence aux étrangers ; la politique russe à l'égard des Toubintsy, Kotovtsy et autres peuples du Eniséï était de nature à inquiéter l'Altyn khân ; les Kyrghyz commençaient de promener leur allégeance des voèvody au souverain mongol et réciproquement. Après une longue rupture, les premiers pas furent faits (1632) par l'Altyn khân qui envoya une ambassade à Tomsk, promit de payer tribut, de rendre hommage au tsar et de combattre ses ennemis. En 1634 et 1635, le serment d'hommage fut prêté, le tribut expédié et une entente fut conclue pour replacer les Kyrghyz sous la suzeraineté moscovite ; le khân, ses frères, sa mère, le khoutoukhtou demandèrent des présents importants que le tsar consentit à envoyer en grande partie. Mais en 1636, et encore en 1638, les envoyés russes, Stèpan Grétchanin et Vasiliï Starkov, rencontrèrent de grandes difficultés de protocole pour les termes et la forme du serment, pour la remise de la lettre impériale ; ils furent même en butte à des menaces et à des violences. Toutefois le khân envoya encore le tribut, non sans réitérer ses demandes de cadeaux ; il souhaita aussi d'ouvrir un entrepôt à Tomsk pour les marchands ses sujets. Starkov, l'envoyé de 1638, est sans doute le premier qui mentionne le thé et la manière de le préparer chez les Mongols.

[1] Fischer, p. 368.

Ces rapports, même àpres et peu courtois, suffisaient à
l'Altyn khàn et lui garantissaient la paix au nord-ouest ;
lui-même et son neveu, le premier Dzasakthou khân, tour-
naient alors les yeux d'un autre côté, vers le pouvoir qui, les
unes après les autres, dominait les tribus du sud-est. En 1635
(12ᵉ lune), le Dzasakthou khân. avec d'autres chefs khalkha et
mongols du sud-est, s'associa aux assurances amicales envoyées
par le Tsetsen khân à l'Empereur mantchou ; il n'en attaqua
pas moins (1637) Koukou khoto, ville située chez les Thoumed
dans la région d'influence des Mantchous ; il fut battu et fit la
paix (1639). Mais à la même époque, l'Altyn khân, agissant de
son côté sur la frontière chinoise, entama une longue série de
razzias coupée de négociations et de tributs[1] et mena enfin ses
troupes contre Koukou khoto (165o). Entre temps (1647), les
deux khân avaient proposé leur médiation entre les Mantchous
et quelques tribus mongoles révoltées, ouverture qui fut mal
accueillie à Péking. Une rupture fut toutefois évitée, par
suite de la mort du Dzasakthou khân (165o), son fils ayant
envoyé des présents à l'Empereur pour faire part de son
avènement. L'Altyn khân Ombo Erdeni (Irden kontaicha) se
tourna alors contre les Kyrghyz (1652), vassaux contestés
dont il exigeait le tribut depuis dix ans, malgré les accords
avec les Russes : une partie de ce peuple se rangea sous l'autorité moscovite, le reste émigra. Les Mantchous, après avoir
vainement réclamé au Dzasakthou khân tenu pour suzerain, la
remise des transfuges, des pillards, du butin enlevé, attaquèrent enfin Koukou khoto (7ᵉ lune 1653) ; alliés du talé lama,
ils en imposèrent aux Khalkha qui finirent par s'excuser et
offrir des réparations ; la paix fut jurée par les principaux
chefs (9ᵉ lune 1655). L'Altyn khân étant libre vers le midi,
dès 1657 son fils Lobdzang (Loouzan) pénétrait chez les
Kyrghyz et chez les Tatars de Tomsk, leur faisait payer tribut

---

[1] Par exemple, tribut envoyé par Ombo Erdeni en 1647, 4ᵉ lune (*Tong hwa
lou*, Chwen-tchi, VIII, f. 35).

et levait chez eux quatre mille soldats ; appuyé sur les Télengout, il menaçait Kouznetsk, Tomsk et Krasnoyarsk, quand il fut soudain rappelé par la mort du khân Ombo Erdeni. Arrivé au pouvoir, Lobdzang chercha à se rapprocher des Russes tout en percevant le tribut sur les Kyrghyz ; sur ordre spécial de Moscou, on lui envoya Grétchanin, le négociateur de 1636, qui fut bien traité par l'Altyn khân et par son frère le khoutoukhtou, incarnation vénérée de Dongkour Mandjousri, mais qui n'obtint ni reconnaissance de vassalité ni satisfaction pour l'attaque contre les Kyrghyz tributaires russes : le khân ne semblait disposé à traiter que sur un pied de quasi-égalité. Cette mission, à peu près vaine, occupa l'automne et l'hiver de 1659-1660.

Lobdzang ne demeura pas longtemps en repos ; en 1662 il attaqua son suzerain le Dzasakthou khân, le fit prisonnier et le mit à mort : faits extrêmement graves dans l'organisation quasi-féodale des Mongols, inouïs parmi la descendance de Dayân khân. Les biens et une partie des sujets du khân furent saisis par le meurtrier. Mais Goumbo Ilden, le propre oncle de Lobdzang, se sépara de lui et emmena ses tribus sur la frontière chinoise où elles reçurent un territoire de parcours et furent mises au rang des quarante-neuf bannières des Mongols intérieurs ; une grande partie de l'oulous du Dzasakthou se dispersa ou se joignit aux sujets du Thouchethou khân ; celui-ci, à la tête d'une ligue de princes mongols, attaqua l'usurpateur qui se réfugia chez les Olout, peut-être près de Galdan le Soungar. Toutefois Lobdzang, grâce à l'appui de Galdan et à la bonne volonté de l'Empereur, finit par recouvrer son autorité et sa charge de dzasak ; en 1681, il fit hommage à la cour de Péking ; il continuait ses rapports avec les Russes et intriguait contre ses voisins ; informé, le Dzasakthou khân le fit surprendre (2ᵉ lune 1682) et le garda prisonnier [1]. Lobdzang figura encore à la grande diète de Dolon nor (1691). Après cela il disparaît,

---

[1] *Tong hwa lou*, Khang-hi, XXVIII, f. 13 v°; XXX, f. 20 r°.

et avec lui son titre d'Altyn khàn : ses tribus se perdent dans la tourmente qu'il a déchaînée sur toute la Mongolie.

Les khàn Thouchethou, Sain noyan et Tsetsen avaient au contraire peu de rapports avec les Russes ; une seule fois (1647, 1648) un syn-boyarskiï, Ivan Pokhabov, après avoir traversé le Baïkal, parvint jusqu'à la Sélenga, où campait le Tsetsen khàn, puis rentra à Eniséïsk, accompagné par deux envoyés khalkha à destination de Moscou ; mais ces relations officielles ne se continuèrent pas ; l'effort des explorateurs moscovites appuya surtout à l'est, vers la Chilka et l'Amour, et des échanges de bétail et de fourrures s'établirent entre Albazin et Nertchinsk d'une part et, de l'autre, les sujets du Tsetsen khàn. Les trois khàn, de bon gré ou autrement, subissaient l'influence mantchoue. Après la dispersion des Tchakhar, le Tsetsen khàn, Choulaui, de concert avec le Dzasakthou khàn et avec les chefs des Sounid et des Outchoumoutchin, qui avaient cherché près de lui un asile contre la tyrannie de Lingdan khân, envoya des présents et une lettre amicale au chef mantchou (1636), décida Goumbo le Thouchethou khân (1635) à imiter sa soumission, interdit de vendre des chevaux aux Ming (1635). Deux ans après (1638), le Sain noyan khàn se rapprocha à son tour des Mantchous ; il fut convenu que désormais les trois khàn se borneraient à présenter chaque année le tribut rituel dû au souverain suprème, les neuf animaux blancs, un chameau et huit chevaux[1]. Mais la bonne entente se rompit pour les raisons habituelles aux nomades, pillage de tribus soumises, refus par les chefs d'envoyer de jeunes princes en otage à la Cour. En 1646, Tenggis, chef des Sounid, s'enfuit avec ses sujets jusqu'au nord du désert, sur les bords des rivières Keroulen et Toula ; poursuivis par l'armée mantchoue, les fugitifs furent appuyés par les troupes des trois khàn. Les Mongols furent battus ;

---

[1] A la même époque (1638), dans la liste des présents envoyés par le Thouchethou khân, on relève des fusils russes : première mention de ce peuple dans les annales chinoises.

un butin important, harems princiers et bétail, fut capturé; la soumission se fit lentement et ne se compléta qu'au traité de 1655, après l'avènement des successeurs de Goumbo et de Chouloui. Par un règlement de la 11ᵉ lune, huit dzasak, au nombre desquels les cinq khàn nommés plus haut, furent autorisés à présenter chaque année les neuf animaux blancs et reçurent des quantités fixées d'argent, de thé, de soieries et de toile [1]. Ce premier essai d'organisation administrative n'était qu'une façade et, à la mort du Dzasakthou khàn (1661), la guerre éclata en Mongolie sans tenir compte de la politique chinoise; une régence, les intrigues de cour, puis la révolte des grands princes feudataires du midi vinrent pour près de vingt ans distraire le gouvernement mantchou des affaires du nord.

Lors du meurtre du Dzasakthou khàn, chef de la branche aînée des princes khalkha, le Thouchethou khàn, comme chef des descendants du troisième fils de Geresandza, avait assumé le soin de la vengeance. Quelques années plus tard (1669), le talé lama désigna comme Dzasakthou khàn Tsenggoun, frère de la victime de Lobdzang [2]. Le nouveau souverain voulut rétablir son autorité, mais il se heurta à la mauvaise volonté du Thouchethou khàn Tsagoun Dordji qui s'était enrichi et étendu aux dépens du khanat désorganisé. Après bien des efforts inutiles, Tsenggoun invoqua l'aide de son patron le talé lama; un lama envoyé de Lhasa fut gagné par Tsagoun Dordji et par son frère, le khoutoukhtou tcheptsoun dampa. Tsenggoun s'adressa ensuite à l'Empereur (Khang-hi); celui-ci, qui venait de mater les rebelles du sud, saisit avec empressement l'occasion de reprendre en Mongolie la politique de son père et de son grand-père; fidèle à l'amitié tibétaine, il obtint du pontife l'envoi d'un nouvel ambassadeur près du Thouchethou khàn; pour préparer et appuyer cette tentative,

---

[1] *Tong hwa lou*, Chwen-tchi, XXV, f. 11 rᵒ.

[2] D'après le *Tong hwa lou*, Khang-hi, XXVIII, f. 13 vᵒ, ce fut le fils et non le frère de la victime qui fut reconnu khàn (1670). Le *So fang pei cheng*, liv. 3, dit le frère.

il expédia lui-même (1682) aux chefs mongols, khàn et khoutoukhtou, une mission chargée de présents, robes officielles en soie, fourrures de zibelines, ceintures et colliers précieux, vaisselle d'or et d'argent, thé, soieries et cotonnades en pièces ; ces ambassadeurs devaient avant tout étudier la situation. Cependant Tsenggoun était mort, laissant son titre à son fils Chara qui se trouvait être lié par le sang et l'amitié à Galdan, chef des Soungar. Trois puissances, le Tibet, la Chine, les Soungar, allaient entreprendre de faire valoir les droits du Dzasakthou khân.

# IV

## LES DOURBEN OUIRAT OU KALMOUKS (TOURGOUT, TOURBET, SOUNGAR, KHOCHOT). — LES TOURGOUT EN OCCIDENT.

Les armes d'Altan khân, des Thoumed, avaient repoussé les Kalmouks jusqu'à l'extrême occident de la Mongolie, où ils s'étendaient depuis la vallée de l'Ili jusqu'au cours supérieur du Eniséï (vers 1570). Cinquante ans plus tard (1620, 1623) l'Altyn khân, des Khalkha, établi au milieu de cette région sur l'Oupsa nor, défend victorieusement son territoire contre les Soungar, la section la plus énergique des Kalmouks, et les chasse vers le nord-ouest. Durant toute la période intermédiaire, les Mongols propres ont vigoureusement maintenu leur suprématie au sud et au nord du désert, ne laissant de voie ouverte aux Kalmouks que dans la direction de la Sibérie et de la Boukharie. De là un mouvement d'émigration qui a duré plus d'un siècle. Guerriers pillant autour d'eux et poussant les troupeaux, par clans, par tribus, par nations, Tourgout, Soungar et Tourbet, Khochot, les Dourben Ouirat se pressent vers l'occident, se heurtent aux nomades, Kazak[1], Bachkiry, Nogaï, épaves de l'empire du Kiptchak, viennent battre les confins des Etats plus rassis, de Boukhâra, de Moscou, des Tatars de Crimée; c'est l'invasion mongole qui recommence, non pas l'expédition ordonnée comme au xiiie siècle, mais l'émigration armée qui tantôt s'infiltre et tantôt se rue contre l'obstacle. Aucune direction d'ensemble, nulle entente durable; les chefs sortent tous d'un petit nombre

---

[1] Appelés aussi Kyrghyz Kazak, la Kazatchiya orda des Russes.

de familles héréditairement investies du commandement, chacun conduit son oulous à son gré, rompt les alliances aussi facilement qu'il les conclut, attaque aussi bien un frère ou un parent qu'un étranger pour peu qu'il ait en vue une vengeance ou un gain ; quelques-uns dominent par la valeur ou l'habileté, étendent la portée de leur pouvoir : mais leur œuvre toute personnelle reste à la merci d'un échec ou de leur mort. Bien peu nombreux dans ce chaos de tribus en marche sont les princes qui, voyant dans les Etats voisins autre chose que matière à pillage et à profit, songent à en adopter quelques institutions, tentent d'en acquérir la stabilité et la durée.

Au milieu du xviie siècle, la nation des Khochot donne le spectacle de cette expansion désordonnée et de cette chute. Chassés du district d'Alachan par les Ordous et les Thoumed, les Khochot vécurent en petits groupes, côte à côte avec des Tourgout, des Soungar, poussés à l'ouest par les mêmes ennemis, restant distincts des uns et des autres; avec Khongor et ses cinq fils, les Cinq Tigres, ils reprirent un rôle actif, tandis qu'une section, sous un frère de Khongor, poursuivait une existence obscure à l'ombre des Soungar et, cent cinquante ans plus tard, à la dispersion de ceux-ci (1759), se retrouvait unie au nombre de deux cent soixante familles, se réfugiait en Russie conduite par son chef Samyang. Des deux derniers Tigres, il ne reste pas de souvenir; le troisième fut Goûchi khân, qui fonda le pouvoir temporel du talé lama et s'assura la possession du Kouk nor, avec la suprématie au Tibet. Le second Tigre, Koundeloung Oubacha, prit part avec son cadet à la guerre sainte du Tibet, sans en tirer les mêmes profits; établi plus à l'ouest, il entretenait de bons rapports avec le chef des Kazak Yehângir khân, ce qui lui valut la haine de Baatour, khongtaidji des Soungar; mais un projet d'attaque concerté par celui-ci avec Ourlouk, prince des Tourgout, n'aboutit pas (1644). Quelques années plus tard (1648), le prince khochot ramenait des prisonniers et du bétail ravi autour de Kyat (Kat) au Khwârezm, quand il fut surpris, battu et blessé par Aboul Ghazi Behadour khân, de Khiva, le fameux historien. L'héritage assez maigre de Koundeloung se dispersa par l'effet des partages ; l'un de ses fils émigra en Russie (1675), beaucoup d'autres de ses descendants peu à peu imitèrent cet exemple, des princes khochot passèrent encore en Europe au milieu du xviii<sup>e</sup> siècle lors des guerres de Soungarie. Le chef de la famille après Khongor, Boibéghous Baatour, paraît avoir joui d'une influence considérable dont il usa pour convertir les Kalmouks au lamaïsme et qu'il transmit à son fils aîné Outchirtou Setsen. Celui-ci, avec son frère Ablai et avec les autres princes kalmouks, intervint au Tibet en faveur de l'ordre jaune ; puis (1643), Outchirtou et Ablai ayant suivi leur allié, le Soungar Baatour, contre Yehângir khân, eurent part à un butin considérable. Mais entre les deux frères, l'union fit place à une lutte acharnée où Ablai fut vaincu ; fuyant les rives de l'Irtych, il atteignit, puis passa le Yaik que les Tourgout avaient franchi auparavant ; dans les hostilités qui éclatèrent, Ablai surprit Poundzouk, le chef des Tourgout, et le garda prisonnier (1670 ou années suivantes) ; il fut à son tour capturé par les taidji tourgout et tourbet établis dans les steppes du Don au Yaik ; son oulous fut dispersé, se joignit en partie aux Soungar. Outchirtou, vainqueur de son frère, gendre de Baatour khongtaidji, beau-père de Galdan, le grand chef soungar, aida celui-ci par ses conseils et par ses troupes à s'emparer du pouvoir, le sauva alors qu'il errait vaincu en 1673 ; trois ou quatre ans après, Galdan attaquait son beau-père près du lac Zaisan et, victorieux, lui faisait couper la gorge ; une partie de cet oulous se soumit, le reste rejoignit les Khochot du Kouk nor et de l'Alachan. Cette race aventureuse avait porté ses étendards du Tibet aux steppes russes, de l'Irtych à l'Amou darya, avait pris contact avec les Mantchous qui reçurent souvent les ambassades d'Outchirtou, d'Ablai, de Koundeloung Oubacha, de Goûchi khân ; désunie, se déchirant elle-même, elle avait en trois générations jeté presque tout son éclat et, sauf au Tibet, elle s'effaçait devant l'ascendant d'autres branches kalmoukes mieux douées ou plus favorisées de la fortune; mais les descendants du troisième Tigre, Goûchi khân tenaient encore, et pour de longues années, le rôle de défenseurs de la foi, soutiens du pouvoir temporel.

Les Tourgout, les Tourbet, les Soungar précédèrent les Khochot vers l'occident. Les Soungar prétendaient avoir un droit immémorial de suzeraineté sur les Tatars Barabintsy et sur plusieurs peuples voisins; de 1603 à 1606, ils pénétrèrent pour le faire valoir sur le territoire russe de Tara, tout en demandant la protection du tsar; ils s'allièrent aussi avec la famille de Koutchoum khân et appuyèrent de leurs armes ses prétentions sur la Sibérie. Les Moscovites réclamèrent les indigènes qui désertaient leur cause, invitèrent les Soungar à payer tribut et à prêter serment ou à évacuer le territoire russe; les hostilités durèrent plusieurs années entre ces Kalmouks et les voèvody de Tara, Tobol'sk et autres villes; c'était le pillage, l'incendie portés jusqu'auprès des forts russes et, de l'autre part, des expéditions renouvelées chaque printemps; les cavaliers soungar disparaissaient devant les troupes russes plus lourdes et revenaient sitôt qu'elles avaient passé; les Soungar se rendirent maîtres de la steppe et des lacs où Tara allait chercher le sel pour approvisionner la Sibérie entière; il en résulta une disette inquiétante; mais les salines du lac Yamych furent découvertes et les cosaques s'en assurèrent la possession (1613). La suzeraineté des tribus sibériennes du Eniséï fut une nouvelle pomme de discorde entre les Soungar et leurs voisins et ennemis, les Khalkha; un instant vainqueur sur l'Oupsa nor (1620), le khongtaidji, poursuivi et atteint par l'Altyn khân, pressé en même temps par les Kazak, ne put échapper qu'en s'enfuyant jusqu'à l'Ob' où il se fortifia au confluent du Tchoumych; d'autres Soungar se répandirent sur l'Ichim et le Tobol, mettant en grand danger les établissements russes. Les Tourbet, enveloppés dans la défaite de leurs alliés et voisins, vinrent aussi sur l'Ob' et l'Irtych (1621); l'année suivante, un chef de cette nation, Dalai taidji, est signalé à quatre journées de Tyoumen', puis en 1623, dans le pays des Kazak, auxquels les Russes fournissent un appui diplomatique. Des alliances de famille existant entre les chefs tourgout, tourbet et soungar n'arrêtaient pas leurs luttes plus ardentes que leurs attaques contre les Moscovites. Khou Ourlouk, des Tourgout avait marié l'une de ses filles à Dalai taidji, une autre au khongtaidji Baatour, dont le nom personnel était Khoutougaitou et qui était surnommé Kharakoulla [1]. Ce personnage, qui figure alternativement sous ces divers noms, parvenait malgré ses défaites à asseoir son influence ; il était obéi dès lors par une partie des Soungar et des Tourbet ; il trouvait toutefois des résistance dans sa famille et parmi les princes soungar ; son propre frère Chouker poursuivait ses guerres et ses pillages personnels contre les Tourgout, les Tourbet et un peu plus tard au Tibet; un taidji soungar, nommé Sengoul par Fischer, guerroyait brillamment pour lui-même contre les Kazak, les Nogaï, les Bachkiry, s'entendait avec les Russes, puis ravageait le territoire de Tyoumen' (1623); d'autres reprenaient les attaques contre les exploitants des salines au lac Yamych (1634), menaçaient Tara et Tyoumen'; plusieurs chefs tourbet montraient la même indépendance, repoussaient le Soungar Chouker jusqu'au Tobol (1628) et se fortifiaient sur l'Ichim (1634), tantôt traitaient avec les Russes, tantôt soutenaient les petits-fils de Koutchoum khân, pillaient des monastères et des postes isolés sur le territoire russe. Malgré les querelles et les guerres privées de ses vassaux et de ses alliés, on peut cependant distinguer une ligne politique du khongtaidji des Soungar : pendant la première partie de sa carrière, il s'établit à proximité des Russes, comme on l'a vu, et chasse les Tourgout qu'il rencontre à l'ouest, ensuite il étend son pouvoir vers le sud et noue avec les Russes des relations pacifiques.

[1] Nommé aussi Khotokhotsin (Mailla, XI, p. 79; *Mémoires concernant les Chinois*, I, p 331).

Les Tourgout, la branche la plus occidentale des Kalmouks, avaient souffert grièvement des armes d'Altan khân, des Thoumed ; ils étaient commandés par Khou Ourlouk, le beau-père de Baatour khongtaidji, quand les défaites infligées par les Khalkha jetèrent les Soungar sur l'Irtych et au delà. Les bonnes relations des deux peuples furent entamées par ce choc ; à la suite de querelles, Khou Ourlouk abandonna (1616) ses pâturages, traversa la steppe des Kazak, vainquit des Tatars à l'ouest de la Emba, des Nogaï près d'Astrakhan', devint le voisin à la fois du territoire moscovite et des confins occupés par les cosaques d'Astrakhan' et par ceux du Yaik. Il commença par s'entendre avec les Russes, puis il donna sa fille en mariage à Ichim khân, fils de Koutchoum (1620) ; de son camp du haut Tobol, il lançait ses bandes qui pillaient le Khwârezm, à l'époque des khân Arab Mouhammed et Isfendiar ; il massacrait en partie et soumettait pour le reste (1639) les Turkmen du Mangichlak ; peu après il concourait avec les chefs khochot et soungar à soutenir le talé lama ; en même temps il obtenait des Russes le droit de commercer à Tyoumen' et négociait avec les Nogaï, qu'il tâchait d'attirer dans son alliance. En 1643, Ourlouk transporta son camp, environ cinquante mille tentes, près d'Astrakhan' ; attaqué par les habitants qu'inquiétait ce voisinage, il fut tué avec plusieurs de ses fils et petit-fils. Malgré les querelles de ses fils survivants (l'un d'eux rentra en Sibérie), les Tourgout continuèrent de se faire redouter du khân de Khiva, pillant soit une ville soit une autre, Hazarasp, ou Kyat, ou Ourgendj ; la capture (vers 1670) de son petit-fils Poundzouk par le Khochot Ablai eût pu donner le signal de la dispersion et de la chute ; il n'en fut rien.

Les successeurs d'Ourlouk avaient observé l'affermissement, à travers guerres et révoltes, de la puissance moscovite et compris qu'il n'y avait pas à la heurter de front : en 1656 et 1662, ils avaient formellement reconnu la suzeraineté du tsar. Ayouka taidji, devenant chef des Tourgout à la mort de son père Poundzouk, sut pendant son long règne faire apprécier ses services comme ceux d'un allié, et non d'un sujet. Mandé par le gouverneur d'Astrakhan', il arriva à la ville le 26 février 1673, accompagné de plusieurs de ses parents et d'un grand nombre de nobles kalmouks ; il fut reçu sous une tente splendide, entouré d'une garde d'honneur et invité à voir manœuvrer les troupes russes, dont les armes à feu enthousiasmèrent lui-même et son escorte. Le 27 février, le serment d'allégeance fut prêté par Ayouka et par son entourage, au nom des chefs, présents et absents, et des Nogaï placés sous leur autorité ; parmi les princes kalmouks fut mentionné spécialement Solom Dzereng, fils du Tourbet Dalai taidji et petit-fils par sa mère de Khou Ourlouk ; à la mort de son frère aîné (1644), sa mère avait avec lui cherché refuge chez les Tourgout, près desquels un nombre considérable de Tourbet l'avaient suivie. Le serment fut prêté à la manière kalmouke, sous l'épée et chacun touchant un bouddha, un chapelet et un livre saint. Fidélité était promise au tsar Alexis et à ses successeurs ; les Kalmouks les défendraient contre leurs ennemis avec leurs villes et leurs sujets, laisseraient librement circuler les mourzy tatars se rendant à Astrakhan', mais arrêteraient ceux qui se livreraient à des déprédations ; ils n'accorderaient pas asile aux gens d'Astrakhan' fugitifs, ils ne réclameraient pas les esclaves chrétiens qui s'échapperaient ; ils porteraient secours en cas de besoin aux bateliers naviguant sur la Volga ; ils vendraient leurs chevaux sur les marchés de Tambov, Kasimov, Vladimir et Moscou. A ces stipulations concernant pour la plupart le droit privé, s'ajoutait une convention d'alliance assez complexe : Ayouka s'engageait à ne pas molester les Nogaï et autres Tatars placés sous la juridiction d'Astrakhan', à faire une campagne annuelle contre les Tatars de Crimée, à n'entretenir aucunes relations avec le sultan de Constantinople, avec le châh de Perse, avec le khân de Crimée, avec le bey d'Azov et autres ennemis de la Russie. En compensation, le gouvernement moscovite promettait de continuer l'allocation annuelle qui était payée en or et en nature, de remettre tous les prisonniers païens et musulmans, d'interdire aux cosaques du Yaik et aux Bachkiry toute attaque contre les Kalmouks. Un peuple guerrier, organisé, les Tourgout et leurs alliés les Tourbet, était survenu tout d'un coup sur les confins de la Moscovie, entrant en contact avec ses ennemis héréditaires, les Tatars de Crimée et les Turcs, pouvant, si les circonstances y prêtaient, servir de noyau à quelque empire qui embrasserait les nomades et tous les allogènes du sud-est, qui s'appuierait sur les Asiatiques, Kalmouks, Kazak, Ouzbek peut-être ; ce peuple s'interposait entre Moscou et ses avant-postes de la basse Volga et du Yaik ; un tel retour d'envahisseurs asiatiques menaçait les conquêtes du XVI<sup>e</sup> siècle, ébranlait l'unité intérieure, l'équilibre extérieur encore mal assurés à l'heure des grandes luttes sur le Dnèpr. Ce fut un coup d'audace et de génie qui, à partir de 1656, enrôla ces nouveaux nomades au service de l'Empire Russe et sut les opposer aux ennemis héréditaires et aux vassaux douteux.

Une pareille politique a été plus d'une fois imaginée par les Etats sédentaires et n'a pas toujours tourné à leur avantage. Les difficultés ne manquèrent pas entre les alliés russes et kalmouks. Moscou se plaignait que des lettres et des présents fussent échangés entre Ayouka et le khân de Crimée, que des Tourgout, des Nogaï fissent des incursions sur territoire russe. Ayouka pouvait livrer les lettres du khân, mais il réussissait mal à arrêter les expéditions de ses peuples peu disciplinés ; il objectait d'ailleurs les attaques constantes des cosaques et des Bachkiry, sujets russes. En 1682, il fut invité à fournir des otages en garantie de sa conduite ultérieure ; il refusa ; au mois d'août, il prit le commandement d'une troupe de Kalmouks, de Nogaï, de Bachkiry révoltés et s'avança, jusqu'à Kazan', brûlant et dévastant tout, traînant en captivité une quantité de Russes et d'allogènes soumis ; en même temps un autre corps surprenait Samara et dispersait les cosaques du voisinage. Effrayé de son succès, le prince tourgout ras-

sembla près de l'Oufa tous les biens de son oulous, défendit
de vendre les prisonniers comme esclaves et proposa au gouverneur d'Astrakhan' quelques réparations, menaçant faute
d'entente de se retirer au delà de la Emba. Le gouverneur ayant
exigé des otages et un tribut annuel de cinq cents chevaux, ayant
annoncé aussi la suppression du subside russe, les Tourgout
continuèrent leur marche vers l'est, en guerroyant contre les
Bachkiry et les cosaques; au printemps suivant, ils passèrent
le Yaik. Les Russes alors offrirent de revenir aux anciennes
relations pourvu que trois otages fussent livrés; Ayouka y
consentit, en rappelant qu'il était un allié et que son amitié
était recherchée par la Crimée et la Turquie : il renouvela
alors son serment avec Solom Dzereng. La paix rétablie fut
durable; dix ans plus tard, autant pour le compte des Russes
que pour le sien propre, Ayouka était engagé dans une série
d'expéditions contre des Bachkiry et d'autres tribus mal soumises; il s'avança alors jusqu'au pied du Caucase et écrasa en
passant les Nogaï du Kouban (1693). Il avait donc renoncé à
l'alliance avec les peuples du sud, la crainte d'un empire asiatique était écartée : devenu le défenseur actif de la Russie,
Ayouka reçut du tsar (avant 1700) le titre de khân qui lui fut
confirmé par le talé lama. En 1711, une nouvelle convention
intervint : le khân kalmouk promettait, sa vie durant, fidélité
à l'Empire et s'engageait à fournir un corps de dix mille
hommes en cas de guerre vers Azov ou chez les Bachkiry; il
recevrait en échange un subside annuel de deux mille roubles[1],
deux mille sacs de farine, de la poudre et des balles. Il s'engageait ainsi de plus en plus dans la politique russe; aussi lors
de l'expédition de Perse (1722), fut-il reçu par le tsar Pierre,
près de Saratov, et traité en prince souverain. Peu après, le
vieux khân mourut à quatre-vingt-trois ans, ayant assuré à
son peuple l'influence politique et la prospérité. Il avait

---

[1] Le rouble valait environ 25 francs (G. Cahen, *le Livre de comptes de la
Caravane russe à Pékin en 1727-1728*, p. 119, 1 vol. in-8, Paris 1911).

désigné comme successeur l'un de ses derniers fils au détriment de l'héritier légitime, fils de son fils aîné ; lors de l'entrevue de Saratov, le tsar avait d'autre part porté son choix sur un cousin du khân, Dordji taidji, qui toutefois refusa de prendre le pouvoir. Une longue période de troubles sortit de ces compétitions. Ayouka avait eu d'ailleurs (depuis 1701) de graves difficultés à propos de ses fils, révolte de l'aîné, un moment triomphante, expédition d'un autre chez les Soungar et échec complet de la tentative qui laissa quelques milliers de Tourgout soumis au kontaicha Dzewang Rabdan ou à ses vassaux. Petit-fils de Baatour khongtaidji, élevé lui-même chez les Soungar, Ayouka avait marié une de ses filles à Dzewang Rabdan et d'autres à divers chefs soungar et tourbet. Des relations parfois mauvaises, voire hostiles, mais toujours fréquentes, subsistaient entre les Tourgout et les autres peuples kalmouks ; les pèlerinages n'étaient pas rares pour se rendre près du talé lama et des autres khoutoukhtou ; conformément aux précédents de 1655-1657, des présents étaient régulièrement envoyés à Péking et des chevaux tourgout étaient vendus au marché de Koukou khoto. C'est à ces relations que Dzewang Rabdan voulut mettre fin. Un neveu d'Ayouka, Karapoutchin ou Dzereng, nommé Rabdjour par les Chinois, se trouva de la sorte (1703) incapable de rentrer en Occident ; le gouvernement de Péking lui donna le titre de beise ou prince et des terres de pâture autour de Ning-hya, où ses descendants mènent encore la vie nomade. Dès lors, les ambassades des Tourgout et des Mantchous passèrent par Ourga et par la Sibérie ; la plus célèbre de ces missions est celle de Thou-li-tchhen (juin 1712-juin 1715), qui en a laissé le récit. D'autres envoyés (1730), chargés de porter des présents à la cour de Russie et de visiter des princes soungar alors réfugiés sur la Volga, excitèrent des soupçons et une troisième mission ne fut pas autorisée à traverser la Sibérie. L'effet des intelligences renouées d'abord par Thou-li-tchhen apparut plus tard.

# V

LES SOUNGAR : BAATOUR KHONGTAIDJI ; SA POLITIQUE RUSSE
ET TIBÉTAINE. — GALDAN. — EXPÉDITION A KACHGAR.
GUERRE CONTRE LES KHALKHA ET CONTRE LES MANTCHOUS.
PROTECTORAT MANTCHOU SUR LES KHALKHA.


Les Tourgout, tout en gardant de nombreux liens avec leur pays d'origine, avaient tous leurs intérêts matériels dans la Russie du sud. Les Soungar, qui les avaient chassés des rives de l'Irtych, demeuraient au contraire purement asiatiques ; leur Baatour khongtaidji, Khoutougaitou, fondait au sud de la Sibérie et dans la Mongolie du nord-ouest une puissance qui n'est pas sans analogie avec celle d'Ourlouk et d'Ayouka dans les steppes russes. Quelques années après son établissement à proximité des Russes, le khongtaidji avait tenté d'entrer en rapports pacifiques avec les voèvody, à travers tout son règne les échanges d'ambassades prirent une importance toujours grandissante. La mission envoyée à Tara (1615) par Baatour le Soungar et Ourlouk le Tourgout prépara une entente réalisée l'année suivante : deux cosaques de Tobol'sk furent délégués pour recevoir le serment de Baatour, mais, le serment prêté, les relations redevinrent aussi hostiles que par le passé. Baatour khongtaidji finit par comprendre l'avantage qu'il tirerait d'une attitude plus conciliante ; en 1623, il envoya à Tyoumen' des Kazak récemment capturés pour les échanger contre les Kalmouks que les Russes gardaient comme esclaves ; en 1628, il renvoya à Tara une centaine de familles de Barabintsy qui avaient quitté le territoire de la ville, et des chevaux qui avaient été pris; on lui répondit par des présents et, à condition que les Russes cesseraient les attaques contre ses oulous, il s'engagea à livrer désormais tous les déserteurs, à favoriser le transport du sel du lac Yamych pour la caravane annuelle et à aider les Russes contre leurs ennemis (1635). L'accord fut complété l'année suivante par un échange d'envoyés (le Kalmouk ne fut pas autorisé à se rendre à Moscou). Le prince soungar fit connaître les présents qu'il désirait recevoir : un fusil et une cuirasse impénétrable aux balles, des chiens, des porcs et des poules pour l'élevage ; Baatour avait, en effet, bâti quelques monastères pour ses lama et il tentait d'inspirer à son peuple le goût des occupations sédentaires; pour cet objet, il avait déjà appelé des artisans de la Petite Boukharie. La cour de Moscou envoya un cadeau important en argent, soieries, étoffes, mais il fallut deux ans pour rassembler en Sibérie les objets demandés par le Soungar. Malgré ses bonnes dispositions, la question des tributaires, Kyrghyz, Barabintsy, Kersagaly, réclamés par les Russes et par les Kalmouks, donna naissance encore à de nombreuses difficultés ; le khongtaidji recourut parfois encore aux représailles sur les tributaires, voire à l'attaque des territoires russes (1649), mais il usait surtout de diplomatie. Ses sujets conduisaient les caravanes circulant entre la Sibérie, Boukhâra et la Chine; peut-être jouissaient-ils déjà à la douane russe des mêmes privilèges que les Boukhariotes. Voulant fixer ses Soungar au sol, Baatour fit construire quelques villes, il éleva à Koubak sari, sur la rivière Emil[1], une capitale en pierre; il demanda à l'envoyé Klapikov deux charpentiers, deux maçons, deux forgerons, deux armuriers pour lui fabriquer des fusils, plus des porcs, des poules, des chiens; tantôt dans sa capitale nouvelle, tantôt dans ses campements de l'Ili ou de la région de Khobdo, il se plaisait à recevoir avec dignité et magnificence

---

[1] Affluent de l'Ala koul, à l'est du lac Balkhach.

les envoyés des princes étrangers et ceux des voèvody de Sibérie. Le guerrier nomade se muait en un prince législateur[1], agriculteur et commerçant; c'est au milieu de ces travaux pacifiques qu'il mourut, après avoir réuni en un corps de nation les Soungar et une partie des Tourbet, les avoir organisés avec l'aide des lama et les avoir fixés dans un territoire d'où il avait repoussé les étrangers.

Baatour khongtaidji avait d'abord chassé les Tourgout et réglé ses rapports avec les Moscovites; tranquille du côté de ces derniers vers 1635, il tourna ses armes contre ses voisins du sud. Ayant attaqué Ichim, khân des Kazak, il s'empara de son fils Yehângir sultân qui parvint à s'échapper; huit ans plus tard (1643), de concert avec ses gendres Outchirtou et Ablai, il infligea une défaite à Yehângir, successeur de son père, et emmena encore des prisonniers. Une course victorieuse au sud des Thyen chan (1634) et la part prise par lui à la guerre sainte du Tibet aux côtés de Goûchi khân, des relations suivies avec les lama lui procurèrent le titre de Erdeni Baatour khongtaidji, dont le talé lama lui envoya la patente (1635). Le renom du kontaicha (ainsi l'appelèrent les Russes, et après eux les Occidentaux) s'étendait déjà au loin, mais devait grandir sous ses successeurs; touchant à la fois les Bachkiry du Miyas, les Kazak de Turkestân, les Ouzbek du Khwârezm, souvent allié des Tourgout, ménageant les Russes établis à Tobol'sk et à Tomsk, écouté au Tibet, se fortifiant dans la paix tandis que ses voisins les Khalkha se divisaient et s'usaient dans les guerres perpétuelles; ayant toujours cent mille cavaliers à lancer en campagne, maître des routes de l'Asie centrale, Erdeni Baatour khongtaidji avait fondé une puissance capable de se transformer en un empire kalmouk.

---

[1] Ses lois ont été étudiées par Pallas, *Sammlungen...*, 1ster Theil, pp. 194-218 *(Civil- und Kriegsverfassung der Kalmücken und Mongolen, Gesetz und Gericht)*. Voir *das Recht der Kalmücken* par Carl Koehne *(Zeitschrift für vergleichende Rechtswissenschaft*, 9ter Bd, pp. 445-475; Stuttgart 1891); voir aussi à la bibliographie l'ouvrage de Golstounskiï.

Senggé, fils de Baatour, fut tué par deux de ses demi-frères après peu d'années de règne[1]; les assassins furent mis à mort par les nobles; Galdan, frère de Senggé, monta sur le trône et, suivant l'usage, épousa sa belle-sœur veuve, la fille (ou la petite-fille) du Khochot Outchirtou. Galdan était né vers 1645; dans son enfance, il avait été placé près du talé lama et il était entré dans la hiérarchie sacrée; à Lhasa où arrivaient les pèlerinages et où aboutissaient les intrigues de tout le monde mongol, aussi bien que du nord et de l'ouest de la Chine, il avait pris des diverses nations entourant le Tibet une connaissance plus étendue que celle de la plupart des chefs mongols, il y noua des relations personnelles qui lui furent utiles; il avait aussi par sa naissance même des notions précises sur les Russes de Sibérie et sur les Kazak. Très actif et courageux, il se serait peut-être mal accommodé de la vie d'un lama; à la mort de son frère, il se fit donner des dispenses par le talé lama; nommé taidji des Soungar, il défendit ses droits

[1] J'ai suivi ici les *Mémoires concernant les Chinois*, tome I, p. 331, etc. Du Halde, IV, p. 154, intercale Ontchon avant Senggé. Mailla, XI, p. 79, fait tuer Senggé par Galdan. Le *Mong kou yeou mou ki* et le *So fang pei cheng* sont muets sur cette période, le *Tong hwa lou* également dans les années correspondantes. Le *Cheng wou ki*, liv. 3, 4, dit que le khongtaidji des Tchoros mourut dans les années Khang-hi; son fils Senggé lui succéda, mourut et laissa le trône à son propre fils Sonom Rabdan; celui-ci fut mis à mort par Galdan, frère de Senggé, tandis que Dzewang Rabdan, frère de Sonom Rabdan, échappait aux meurtriers. M. G. Cahen, d'après A. M. Pozdnéev, résume ainsi cette histoire : Khotokhotsin, le Baatour khongtaidji, mourut en 1653; dans les querelles de succession, deux de ses fils Tsetsen khân et Tsotba Baatour, en tuèrent un troisième, Senggé (1671); un autre, Galdan, revint du Tibet et avec l'appui d'un autre encore, Ontchon, mit à mort Tsetsen khân (1676) et chassa Tsotba Baatour vers le Kouk nor; Ontchon étant mort en 1682, Galdan resta seul maître. Il est assez curieux que le Khochot Outchirtou, beau-père de Galdan et tué par lui en 1677, fût tout justement appelé Outchirtou Setsen (Tsetsen) khân, tandis que Baatour djinong (ou Baatour Erke djinong), petit-fils de Goûchi khân et neveu d'Outchirtou, se réfugiait au Kouk nor *(Tong hwa lou*, Khang-hi, XXX, f. 20 r°; XXXII, ff. 29 r°, 33 r°; XXXV, f. 44 r°; XXXVI, f. 47 v°; XXXVII, f. 50 r°. Voir aussi *Mong kou yeou mou ki*, liv. 11) Les personnages homonymes sont fréquents dans l'histoire des Mongols; cette fois la ressemblance des événements rend désirable un examen plus approfondi des textes existants. Dans le même passage, M. G. Cahen, soit en son nom, soit résumant l'auteur russe, dit que Galdan en 1686 assista à une assemblée mon-

avec vigueur; d'abord battu par son oncle Chouker (1673),
guerrier remuant qui avait plus d'une fois traversé les desseins
de Baatour khongtaidji, il triompha grâce à l'appui d'Outchirtou, se débarrassa ensuite (1677) de cet allié trop puissant,
s'appropria une partie de son oulous et poussa le reste vers le
Bouloungir et vers la région de Sou-tcheou. Les chefs de cet
exode, Baatour djinong, Lobdzang Goumbo Rabdan et leurs
proches, plus d'une fois en luttant les uns contre les autres,
arrivèrent dès 1677 et 1678 aux frontières de l'Empire avec
leurs tribus; ceux-ci demandaient à retrouver au Kouk nor
les Khochot de Dalai khàn, ceux-là voulaient des terres dans
l'Alachan entre Kan-tcheou et Ning-hya, tous se réclamaient
de leurs ancêtres Goûchi khân et Outchirtou Setsen, fidèles
alliés de l'Empereur et du talé lama. Pendant bien des années,
des envoyés circulèrent entre Péking et Lhasa pour caser ces

gole et se trouva blessé à propos d'une question de préséance : le personnage
qui, à Khouloun Bolodjir, disputa le pas au tcheptsoun dampa, était le galdan
sirethou, représentant du talé lama, et non le khàn soungar (voir plus bas,
p. 54).

Toutefois un important texte chinois appuie les données kalmoukes rassem-
blées par Pozdnêev. En 1763 (8e lune) furent présentés à l'empereur Khyen-
long les kya phou (registres domestiques et tables généalogiques) des kontaicha
soungar récemment anéantis; l'Empereur en fit lui-même un résumé qui est
inséré dans le *Tong hwa lou* au mois indiqué (LVIII, f. 3 v°). Ce document se
compose de deux parties : une brève histoire des Soungar depuis les origines
jusqu'à la dispersion, une liste des tribus et subdivisions, avec évaluation de
la population et exposé de l'organisation du peuple. De la première partie, on
peut facilement tirer la généalogie des principaux personnages soungar et le
récit sommaire des rivalités sanglantes qui firent tomber cette population bien
douée. Sain Noyan Kharakoulla (Ha-la-hou-la) aurait eu pour fils Baatour
khongtaidji; Pallas et Fischer admettent aussi cette filiation, mais la rendent
invraisemblable, en faisant du père un fugitif en Sibérie, alors que le fils
régnait près du lac Zaisan. La version kalmouke, identique à celle d'Amiot,
est donc plus satifaisante. Le nom de Khotokhotsin ne paraît pas dans les textes
chinois que je connais, et il faudrait fort peu de changements aux signes
chinois écrivant *Ha-la-hou-la* pour qu'ils dussent se lire *Ho-to-hou-tsheu* (avec
une faute, en lettres latines, *tshen*) : serait-ce l'origine du nom donné par
Amiot? mais dans quelles conditions le trouve-t-on chez les Kalmouks? En
suivant la rédaction de l'empereur Khyen-long, Baatour eut douze fils, le cinquième, Senggé, fut tué par l'aîné, Tsetsen, et le second, Baatour; le sixième,
Galdan, succéda à Senggé. Ici l'accord est satisfaisant avec les versions du
P. Amiot et de Pozdnêev.

MAURICE COURANT.                                                        4 nouveaux venus encombrants que l'Empereur ne voulait pas abandonner à leurs ennemis les Soungar [1].

A l'occasion de ses premiers succès (1677), Galdan prit le titre de khongtaidji qu'avait porté son père. Vers cette époque, une occasion se présenta d'intervenir au midi, dans la région connue en Europe sous le nom de Petite Boukharie, et depuis de Turkestan chinois. Dans les convulsions qui avaient suivi la chute des descendants de Djagatai en Asie centrale, vers 1533, un saint personnage de Samarkand, un khodja [2], était venu à Kâchgar pour des négociations que poursuivait le souverain de la ville avec les Ouzbek; accueilli avec déférence, doté d'un domaine, il s'établit dans le pays et, de deux femmes, l'une de Samarkand, l'autre de Kâchgar, il laissa deux fils; ceux-ci transmirent leur haine mutuelle à leurs enfants et l'Hexapole [3] fut déchirée entre leurs factions, les Karatâghlyk dominant plutôt vers Yârkend et les Aktâghlyk étant plus puissants à Kâchgar et dans l'Altai (Aktâgh.). Un chef des Aktâghlyk; Apak khodja, chassé de Kâchgar par Ismail khân, se retira au Tibet où il se fit bien venir du talé lama, de sorte que le pontife l'envoya près de Galdan, en priant celui-ci de le rétablir dans sa situation et son autorité. Le khongtaidji obéit avec joie aux instructions venues de Lhasa; il eut peu de peine à conquérir la Petite Boukharie (1678 ou 1680); Ismail khân fut

---

[1] *Tong hwa lou*, Khang-hi, XIX, f. 28 r⁰; XX, f. 34 r⁰; XXI, f. 41 r⁰; XXII, f. 45 r⁰; XXX, f. 20 r⁰; XXXII, ff. 29 r⁰, 33 r⁰; XXXIII, f. 33 r⁰; XXXV, f. 44 r⁰; XXXVI, ff. 47, 48; XXXVII, ff. 49, 5o; XXXVIII, ff. 55 r⁰, 57 r⁰.

[2] Khodja : à Boukhâra, etc., ce mot désigne les descendants des quatre premiers khalif; 1.5oo familles de khodja près de Khodjent. Les khodja propres à Kâchgar proviennent d'un souverain turk du pays, Satok Boghra khân (xe siècle), et d'une fille de Séyîd Djélâl oud dîn Baghdâdi, descendant de Ali (d'après M. Grenard, consul de France, l'explorateur bien connu). Cette famille de khodja a régné sur Kâchgar au xive et au xve siècle; elle se rattache d'autre part à Djagatai, par Dawa khân et par Azmil khodja. Dans toute la région, et à Kâchgar même, il existe bien des familles de khodja distinctes de cette race royale.

[3] Alty chahar, comprenant les six villes principales rangées au pied des montagnes, autour du désert, Kâchgar, Yangi Hisâr, Yârkend, Khotan, Aksou et Ouch Tourfân.

envoyé en captivité à Khouldja et Apak khodja, nommé vice-roi par Galdan, résida à Yârkend, administrant le pays à son gré et devant seulement un tribut de quatre cent mille tenga [1] par mois. L'autorité des Soungar subsista plus d'un demi-siècle, non sans rencontrer des résistances à l'occasion ; la lutte perpétuelle des Aktâghlyk et des Karatâghlyk divisait les forces d'une nation naturellement peu énergique et introduisait dans le pays des troupes d'étrangers, Soungar, Kyrghyz, Kazak ; un fils du khodja Apak ayant invoqué l'aide de Danyal khodja, un Karatâghlyk qui résidait à Khodjent, vit se lever contre lui à Kâchgar le khodja Ahmed et les Aktâghlyk ; les Soungar venant rétablir l'ordre emmenèrent prisonniers Danyal et Ahmed et remirent le gouvernement à un hâkimbeg [2] nommé par le peuple ; un peu après (1720), ils ramenèrent Danyal à Yârkend, le mirent de nouveau à la tête des Alty chahar, mais prirent son fils aîné en otage et exigèrent qu'il vînt lui-même de temps en temps se présenter à Khouldja ; des domaines furent distribués aux nobles soungar ; chaque ville importante eut un gouverneur nommé par le souverain soungar, qui par ces divers procédés exerçait sur la Petite Boukharie un protectorat très effectif.

Une fois faite cette utile et durable conquête, Galdan l'assura vers l'est par la prise de Tourfân [3] et de Koumoul (Khamil) ; voulant se fortifier aussi au sud-est, il s'apprêtait à attaquer les Khochot du Kouk nor quand il fut arrêté par le gouvernement impérial et par le gouvernement tibétain : le principal ministre, le déba, Sanggyé gyamtsho, était un ami de Galdan, il lui fit des représentations en faveur des vassaux du pontife et, comme dédommagement, lui fit décerner la qualifica-

---

[1] Le montant du tribut paraît considérablement exagéré; on pourrait admettre 400.000 tenga par an. Voir la note relative au rapport de Tchao-hwei, p. 125.

[2] Officier supérieur musulman.

[3] Tourfân envoya tribut à Péking en 1646, 1656, 1673, 1681 *(Tong hwa lou, Chwen-tchi, VI et XXVI; Khang-hi, XIII et XXVIII)*; la conquête de Galdan serait donc postérieure à cette dernière date.

tion de Bouchouktou (ou Bouchtou) khân, le titre de khân jusqu'alors appartenait en propre aux descendants de Tchingiz. Par sa condescendance aux désirs de Lhasa, le souverain soungar affermissait la bonne volonté de ses voisins du sud, cette puissance à la fois spirituelle et guerrière résultant de l'union de l'ordre jaune avec le khân khochot; il obtenait en même temps la reconnaissance implicite de ses prétentions à la suprématie sur tous les Mongols (1679). C'est alors que Galdan reçut l'appel du Dzasakthou khân et se décida à intervenir chez les Khalkha. De ce jour et jusqu'à la fin de sa vie, il déploie comme chef de guerre et comme négociateur une activité fébrile. En Mongolie, il défend les droits du Dzasakthou khân et du talé lama contre le Thouchethou khân; chez les Kazak qu'il combat et qu'il domine, chez les Ouzbek, il fait parade de sentiments favorables à l'islâm; il obtient l'appui des Kyrghyz de l'Issygh koul. Ses courriers sillonnent le désert depuis le Tibet jusque chez les Khortchin qui vivent loin au levant et qui, fidèles aux Mantchous, repoussent ses avances; de même les Tourgout, à l'extrême occident, échappent à son influence et se lient à quelques-uns de ses adversaires. De Koumoul à Kâchgar et à Khouldja, du haut Irtych et du haut Eniséï au Tibet, l'Empire Soungar existe déjà, il faudra près de quatre-vingts ans de guerre pour l'écraser.

Ce jeune empire avait besoin de croître; la politique du Tibet, les dissensions des Khalkha l'appelèrent vers l'est, l'affrontèrent à l'Empire Mantchou. On peut imaginer d'autres faits le poussant à l'occident, dans le sens où avait marché le premier kontaicha; il se fût précipité sur les Kazak et sur les Tourgout; la Russie eût été encore une fois secouée par les invasions des infidèles, la politique orientale y eût prédominé, le tsar Pierre et ses successeurs fussent par force devenus des monarques semi-asiatiques. Mais le hasard des faits permit à la Russie de rester spectatrice. Les Kalmouks, maîtres des routes de l'Asie centrale, convoyaient les marchands de Boukhâra depuis ce grand entrepôt jusqu'à Irbit d'un côté et de l'autre jusqu'à Péking, où un peu plus tard ils furent vus par Lang, un Suédois au service russe ; Galdan fit renouveler les importants privilèges commerciaux dont ses clients de Boukhâra jouissaient en Sibérie depuis le siècle précédent, il les fit étendre à ses propres sujets : tel est vraisemblablement l'objet des nombreuses missions adressées à Irkoutsk et même à Moscou à partir de 1676 ; on lit, en effet, en 1693, 1696, 1697, des prescriptions favorables aux Kalmouks dans les instructions données aux agents de Sibérie. Galdan tenta aussi d'attirer la Russie dans sa politique : l'alliance russe, pensait il, lui aurait permis de dominer la Mongolie. Mais les présents qu'il envoya en 1688 à Irkoutsk, furent inutiles ; si le territoire propre des Soungar était envahi, lui fut-il répondu, on lui fournirait des canons et des cosaques, mais il n'était pas possible de l'aider à des conquêtes ; on l'invitait en même temps à ne pas inquiéter les taidji khalkha réfugiés vers Sélenginsk et Oudinsk. C'était d'ailleurs l'époque où les Russes négociaient avec les Chinois ; les ouvertures du Soungar venaient en temps opportun pour rehausser le prix des bonnes dispositions de Moscou. Après le traité de Nertchinsk, une alliance offerte à l'ambassadeur Golovin (mars 1690) fut encore déclinée. Bouchouktou khân dut se contenter (1696) d'annoncer l'entrée en campagne d'un fort contingent russe ; cette déclaration et d'autres semblables engagèrent l'Empereur à s'informer près des Russes de Péking et ne réussirent à tromper personne.

A partir de l'intervention chez les Khalkha, c'est en face des guerriers mantchous et des politiques chinois que les Soungar se trouvent ; au travers des interruptions et des diversions, c'est entre les deux empires que le duel se poursuit. En 1679, on commença par échanger des présents et des compliments ; l'Empereur félicita Bouchouktou khân du nouveau titre qu'il venait de revêtir, et lui fit remettre un sceau semblable à ceux des princes khalkha, vassaux de l'Empire : il était clair déjà que seule la suzeraineté mantchoue reconnue assurerait la paix, mais le Soungar n'avait pas l'humeur d'un vassal et, quelques années plus tard, il écrivait au chef des Khortchin : « Deviendrons-nous les esclaves de ceux à qui nous avons commandé? l'Empire est l'héritage de nos ancêtres. » En 1682, en même temps qu'aux khân des Khalkha, des ambassadeurs chargés de présents furent adressés à Galdan, qui manifesta d'abord quelque surprise de cette attention inusitée; ils furent toutefois traités avec les honneurs et la magnificence convenables et le prince, pour recevoir la lettre impériale, se leva de son siège et s'inclina. Il demanda pourquoi l'Empereur avait envoyé huit jeunes gens étudier au Tibet, ne dissimulant pas l'intérêt qu'il prenait à ce pays; mais il n'insista pas et consentit même à laisser arrêter à la frontière chinoise tous ceux de ses sujets qui se présenteraient sans passeports [1]. Poursuivant sa politique d'entente, il envoya ses représentants siéger à côté de ceux de la cour impériale à Khouloun Bolodjir, à l'assemblée générale des Khalkha (1686), dont l'Empereur et le talé lama avaient non sans peine obtenu la réunion ; le galdan sirethou lama, envoyé du pontife tibétain, était qualifié pour présider ce congrès, mais le frère du Thouchethou khân, le khoutoukhtou tcheptsoun dampa, orgueilleux de son renom de sainteté, habitué aux hommages des pèlerins, des jeunes étudiants nobles dont l'affluence enrichissait ses tribus, exigea les mêmes honneurs que l'on rendrait au khoutoukhtou tibétain, et l'on dut aux deux bouts de la salle dresser deux sièges semblables pour les deux saints personnages. L'obstination du Khalkha fut relevée par les ambassadeurs soungar qui y virent une insulte au chef de la religion. Toutefois le but de la réunion parut atteint, un accord étant conclu entre les deux khân, Dzasakthou et Thouchethou, sous la médiation de l'envoyé impérial Alani [2], président du Li fan yuen (8e lune, 23e jour).

---

[1] *Tong hwa lou*, Khang-hi, XXXII, ff. 29, 30; il gardait d'ailleurs le droit de commercer à Péking (9e lune 1686).

[2] Appelé Horni par le P. de Mailla.

Mais le souverain kalmouk ayant fait rappeler au Thouchethou la convention qu'il négligeait d'exécuter, son envoyé fut
arrêté par ordre du tcheptsoun dampa et fut réexpédié chargé
de chaînes. Dix ans plus tôt, Tsagoun Dordji, le Thouchethou
khân, avait fourni des secours à Outchirtou Setsen ; il donna
aussi sa fille à Lobdzang Goumbo Rabdan, petit-fils de
celui-ci. Alliances et inimitiés également opposaient le
Thouchethou khân et le Bouchouktou khân. Le tcheptsoun
dampa prenant la tête des troupes infligea une défaite à
l'allié de ce dernier, au Dzasakthou khân qui se noya ; il
entra sur le territoire soungar, mit à mort un frère de
Galdan, dont il exposa la tête à la pointe d'une lance. Ainsi
provoqués, les Soungar se mirent bientôt en campagne ; le
Bouchouktou khân, avec trente mille hommes et soutenu par
quelques chefs des Khalkha occidentaux, s'avança jusqu'à la
rivière Tamir, affluent de l'Orkhon (début de 1688), y écrasa
les forces commandées par le fils du Thouchethou khân, tandis
qu'une autre troupe kalmouke pillait et incendiait (5e lune) les
temples d'Erdeni tchao[1]. Tous les alliés se débandèrent ; le
harem du Thouchethou khân s'enfuit la nuit avec trois cents
hommes d'escorte ; de ses parents et de ses sujets, tout ce qui
fut rencontré par les Soungar, fut massacré ; des troupes
dépêchées par Galdan battaient le pays, poussant les fugitifs
les uns au sud du désert, les autres au nord vers la Sélenga et
le territoire russe. La mission chinoise envoyée pour régler la
question de frontière avec les représentants du tsar et dont le
P. Gerbillon faisait partie, ne put passer cette année-là à
travers la contrée dévastée et la délimitation fut remise à
l'année suivante. Dans les conseils du Thouchethou khân, on
avait débattu la question de demander asile aux Russes ; le
tcheptsoun dampa redouta pour sa religion la domination du
tsar et préféra s'adresser à l'Empereur. Lui et son frère le
khân se reconnurent sujets de l'Empire et demandèrent à être

[1] Fondés en 1585 sur l'emplacement de Karakoroum, la capitale d'Ogotaï.

traités comme les Mongols des quarante-neuf bannières ; trente taidji khalkha, six cents lama, deux mille familles furent bientôt groupés vers Koukou khoto et reçurent du grain des mandarins (fin de la 9e lune). Un bon nombre de sujets du Dzasakthou khân avaient déjà cherché la protection chinoise contre leurs propres alliés les Soungar ; Dzewang Chab, le frère de Chara, le dernier khân, avait succédé à son autorité, mais non à son titre, qui lui fut reconnu par le talé lama seulement en 1700.

Cependant Galdan adressait des plaintes amères à la Cour qui accueillait ses ennemis : comment l'Empereur ne ressentait-il pas la violation des promesses faites à ses propres envoyés dans l'assemblée de 1686 et comment recevait-il à merci des traîtres et des meurtriers ? pour lui, Galdan, il ne saurait reposer avant d'avoir vengé son frère et tenu le tcheptsoun dampa enchaîné, mais il ne nourrissait aucun dessein contre l'Empire. Tout en admettant ses griefs, l'Empereur trouvait les Soungar assez puissants ; résolu à ne les pas laisser poursuivre leurs conquêtes, il tâchait de les arrêter en donnant au khân des conseils de modération par son envoyé, Alani, qui rencontra (8e lune) près de Galdan des représentants du talé lama[1] ; Mantchous et Tibétains, venus pour le même objet, furent également éconduits ; les Mantchous durent de plus s'expliquer à propos de la mission qui avait traversé la Mongolie pour se rendre à la frontière russe. La rupture survint bientôt. Galdan étant une seconde fois entré dans le pays khalkha (printemps de 1690) et descendant le cours du Keroulen, l'Empereur lui rappela ses promesses relatives à l'intégrité du territoire impérial. Les contingents des huit bannières mantchoues, des quarante-neuf bannières mongoles et de l'armée chinoise étaient tout prêts ; les troupes, munies d'artillerie, étaient commandées par le prince de Yu, frère de l'Empereur, par son fils aîné, par ses oncles Thong Kwe-kang

---

[1] *Tong hwa lou*, Khang-hi, XLIV, f. 25 r°.

et Thong Kwe-wei; l'Empereur lui-même quitta Péking
(14ᵉ jour de la 7ᵉ lune) pour diriger la campagne, mais il dut
rentrer, malade, une dizaine de jours plus tard. Après leurs
premiers succès, les Soungar s'étaient avancés jusqu'à Oulan
pouthong, sur la route d'Ourga à Kalgàn, à quatre-vingts
lieues de Péking; ils y résistèrent (29ᵉ jour de la 7ᶜ lune) à
l'artillerie des Mantchous, grâce à la position prise par le
Bouchouktou khân derrière un marais. Mais ils durent
négocier; selon une version, ils promirent de respecter les
frontières de l'Empire ; d'après une lettre de Galdan aux autorités russes, on convint seulement d'une trêve d'un an [1].

La cour de Péking laissa en Mongolie des troupes importantes. Elle sut profiter d'ailleurs de la terreur inspirée par
les Soungar pour asseoir l'autorité impériale au pays khalkha
et organiser la vassalité des tribus. Le 9 mai 1691 (4ᵉ lune,
12ᵉ jour), l'Empereur quitta sa capitale, se rendant à Dolon
nor, dans la Mongolie du sud-est, où il arriva le 30ᶜ jour
après s'être diverti en route à chasser et à regarder des lutteurs
mongols [2]; les princes des Mongols intérieurs et ceux des
Khalkha avaient été convoqués dans cette plaine. Le P. Gerbillon, qui faisait partie de la suite impériale, fut chargé de
disposer le camp avec sa quadruple enceinte, avec la grande
tente impériale ronde à la mongole, les deux vastes tentes
servant de salles pour les assemblées, avec les feutres blancs
et les nattes du Tonkin couvrant le sol, les tapisseries de soie,
bleues ou jaunes suivant les bâtiments, les étendards, les
dragons peints ou brodés. Le Thouchethou khân et son frère
le tcheptsoun dampa khoutoukhtou se présentèrent comme
coupables et firent remettre à l'Empereur l'aveu écrit de leurs
torts; les conseillers émirent l'avis qu'ils fussent réduits au
rang l'un de simple taidji, l'autre de lama. C'était pour donner
au souverain l'occasion d'exercer sa clémence. En effet, le

---

[1] *Tong hwa lou*, Khang-hi, XLV, XLVI.
[2] *Tong hwa lou*, Khang-hi, XLVII, ff. 36 à 39.

2ᵉ jour de la 5ᵉ lune, les deux princes furent reçus et, voulant se prosterner, relevés par l'Empereur qu'ils remercièrent de leur « rendre la vie ». Dans une autre cérémonie, le khoutou-khtou, le Thouchethou khân, Dzewang Chab chef des Khal-kha occidentaux, créé alors tshin wang ou prince du sang, le Tsetsen khân et un grand nombre d'autres princes mongols de différentes classes firent les trois génuflexions et les neufs prosternements en signe d'hommage. Après des banquets, des exercices militaires exécutés sous les yeux de l'Empereur et la distribution de présents magnifiques et de titres[1], la réunion prit fin le 7 de la lune (3 juin) et le cortège impérial quitta Dolon nor entre deux haies de princes agenouillés. Toute cette pompe accompagnait et soutenait le travail de reconstruction de la société mongole que l'on faisait rentrer, en élargissant les cadres, dans les divisions administratives servant déjà aux quarante-neuf bannières. On s'efforçait de ramener les hommes à leurs tribus et de faire restituer les troupeaux aux propriétaires ; on étendait le système des dzasak, appliqué par la suite à tous les Mongols intérieurs, ou du sud-est, et extérieurs, khalkha et soungar. Les dzasak, choisis parmi les taidji, sont des officiers mongols et détiennent un pouvoir, héréditaire ou personnel, émanant toujours de l'autorité impériale qui leur délivre un sceau ; ils sont placés sous la surveillance des résidents mantchous de Kalgan, Ourga, plus tard de ceux de Khobdo, Oulyasouthai, Ouroumtchi, et plus haut du Li fan yuen (cour des Tributaires). Cette administration de protectorat est surajoutée à la féodalité nationale des Mongols ; l'objet du droit seigneurial est beaucoup moins la terre, terre de parcours, de valeur médiocre, que les hommes dont le groupe forme l'oulous du chef, au-dessus l'aimak ou tribu, et qui doivent au supérieur hiérarchique l'impôt et le service. Les supérieurs héréditaires

---

[1] Les vieux titres mongols de djinong, de noyan furent abolis ; il n'y eut plus que des princes et des ducs comme à la cour mantchoue (wang, beile, beise, kong).

qui s'étagent depuis les guerriers jusqu'aux khongtaidji, sont chefs de guerre et de justice à l'égard de leurs subordonnés directs. Toute la noblesse, taidji et khongtaidji, remet au suzerain mantchou un tribut annuel consistant en bétail et qui est présenté à Péking en hiver par les délégués des deux ordres; des cadeaux compensent et au delà le tribut amené des pâturages, sans parler du profit sur les denrées que les Mongols ont permission de vendre dans la Capitale. Seuls sont autorisés à présenter le tribut souverain des neuf animaux blancs ceux qui ont le titre de khân et assimilés, en 1691 les Thouchethou et Tsetsen khân et le tcheptsoun dampa khoutoukhtou : bien que le titre de Dzasakthou khân ait été relevé en 1700 et que l'ancienne section du Sain noyan ait été déclarée (1724) indépendante du Thouchethou khân, cependant ces deux chefs ne semblent pas avoir recouvré le droit d'offrir le tribut souverain [1]. Tous ces nobles sont jaloux de leurs privilèges héréditaires, avides des honneurs que distribue la Cour; la distinction suprême pour un prince tributaire, c'est d'épouser une princesse impériale qui amène des secrétaires et des serviteurs mantchous, qui assure à son époux des pensions, parfois de l'influence, à condition qu'il sache faire figure à Péking et gagner la faveur du maître. Des khân aux taidji et thabounang, tous les nobles reçoivent des allocations annuelles qui varient de deux mille cinq cents taëls d'argent et quarante pièces de soie à cent taëls d'argent et quatre pièces de soie; les khoutoukhtou et autres dignitaires religieux ont droit, pour eux-mêmes et pour leurs disciples à un traitement fixe en riz et en argent. En cas de famine, des grains sont envoyés par l'Empereur. Pour ces titres, ces alliances matrimoniales, ces secours, ces pensions,

---

[1] *Li fan yuen tse li* (Catalogue Bibliothèque Nationale, 2394-2397), règlements de la cour des Tributaires, publication officielle postérieure à 1817, 4 vol. grand in-8, livre 17, f. 1. « Le Thouchethou khân, le Tsetsen khân, le « tcheptsoun dampa khoutoukhtou sont autorisés à offrir chaque année les « neuf animaux blancs, c'est-à-dire un chameau blanc et huit chevaux blancs. « Tous autres princes ou seigneurs mongols ne peuvent s'arroger ce droit. »

la noblesse mongole a renoncé à son indépendance ; les guerres privées lui sont interdites, défense lui est faite d'acheter des armes ; des assemblées où devaient paraître tous les nobles des six ligues (Mongols intérieurs), des quatre khanats (Khalkha), du Kouk nor, étaient convoquées tous les deux ou trois ans sur ordre impérial ; elles ont été supprimées. Le rôle des dzasak et du Li fan yuen a été sans cesse accru et les règlements de cette cour renferment en de nombreux chapitres un vrai code appliqué en Mongolie (frontières, commerce, meurtre, brigandage, vol, esclaves, etc.). Il est probable que jamais la Mongolie n'a joui d'une paix semblable à celle qui régna sous l'administration mantchoue[1].

L'Empereur était donc en droit de mander à son allié le talé lama (6e lune 1691) l'heureux succès de sa diplomatie ; les ravages exercés par les Soungar avaient pour longtemps mis sous la suzeraineté mantchoue les Khalkha rejetés momentanément au sud du désert. Galdan, n'étant découragé ni par les pertes subies dans la retraite de 1690, ni par l'influence grandissante des Mantchous, cherchait à grouper contre ceux-ci non seulement leurs voisins des Khortchin aux Tibétains, mais jusqu'aux lointains Kazak. L'Empereur, averti par les feudataires fidèles, gourmandait les hésitants, faisait saisir les courriers. Le prince des Khortchin, ayant reçu des instructions impériales du 26 de la 8e lune 1695, feignit d'entrer dans les idées de Galdan, lui proposa d'opérer leur jonction au printemps et l'attira dans la vallée du Keroulen où il se mit à piller les Khalkha. Des approvisionnements, des armes en quantités considérables étaient préparés. Le 14 de la 1re lune de 1696, une grande cérémonie réunit au Palais autour du souverain les plus importants des officiers qui devaient faire partie de l'expédition ; suivant le rite, ils reçurent une coupe de vin, les uns de la main de l'Empereur, les autres de celle des gardes du corps. Quelques jours plus

___
[1] *Li fan yuen tse li.*

tard, on connut le plan de campagne élaboré pendant l'hiver avec Fei-yang-kou, un général qui s'était distingué en 1688; trois corps d'armée, comptant chacun environ trente-six mille combattants et quatre ou cinq fois plus de servants, seraient commandés le premier par Fei-yang-kou, le second par l'Empereur en personne, le troisième par Sapousou, illustré dans les campagnes contre les Russes. Avant de quitter la Capitale, des sacrifices furent offerts à l'autel du Ciel et au temple des Ancêtres; ensuite l'Empereur, à la tête de ses troupes particulières, passa entre deux haies de mandarins et de peuple prosternés et se rendit au camp par la porte Ngan-ting; là il célébra encore une cérémonie religieuse et se mit en marche le 12 de la 3ᵉ lune. Le P. Gerbillon qui l'accompagnait, a donné le récit de la campagne; il a noté l'ordre parfait qui était maintenu, la frugalité observée par le souverain et par son entourage, ses égards pour les soldats qu'il voulait voir installés dans leurs campements avant d'entrer lui-même sous sa tente. La marche à travers une contrée toujours pauvre, et alors dévastée, imposa de terribles souffrances à l'armée; l'Empereur en prit sa part et repoussa avec mépris les prières de Thong Kwe-wei, de Songgothou et autres mandarins qui le suppliaient de ne pas s'exposer davantage et de confier aux généraux la poursuite des opérations; son attitude énergique enflammait les troupes. Suivant et dépassant les traces de l'expédition conduite jadis par le troisième empereur des Ming, le corps d'armée impérial atteignit le Keroulen avec dix mille hommes et le remonta vers l'ouest; Galdan étant présent dans la région, le général Fei-yang-kou avec son corps d'armée grossi de deux mille hommes des troupes de Sapousou, se dirigea vers la Toula pour lui couper la retraite. Ce fut Fei-yang-kou qui rencontra l'ennemi à Tchaomodo au sud-est d'Ourga, le 13 de la 5ᵉ lune; les canons et les mousquets des impériaux finirent par rompre les rangs des Kalmouks; le général chinois fit alors remonter ses soldats qui s'étaient battus à pied, et poursuivit

les Soungar pendant plus de trente li; il en tua trois mille,
fit quelques centaines de prisonniers et dispersa le reste. La
femme de Galdan était au nombre des morts, tandis que le
khân lui-même avec son fils s'enfuyait vers l'ouest; un grand
nombre de femmes et d'enfants, les bagages, des armes, tous
les troupeaux, vingt mille bœufs, quarante mille moutons,
tombèrent aux mains des vainqueurs qui avaient grand besoin
de se refaire. L'Empereur, en présence des généraux et des
conseillers, remercia le Ciel, puis reçut les félicitations des
dignitaires et des princes mongols; le but principal de la
campagne étant atteint, il reprit sa route vers Péking où il
rentra le 9 de la 6e lune[1].

La défaite de Galdan délivrait le désert mongol et
affermissait la suzeraineté des Mantchous ; presque tous
les Khalkha regagnèrent alors les pâturages du nord, où
ils vivent encore; parmi les Soungar, les prisonniers et ceux
qui s'étaient soumis, furent établis autour de Kalgân, l'Empereur s'occupa en personne de faire racheter à Kwei-hwà
tchheng les hommes, les femmes, les enfants captifs et de
rassembler les familles dispersées. Un envoyé fut expédié
(6e lune) aux chefs khochot du Kouk nor (la fille de Galdan
avait épousé le fils de Bouchouktou djinong) pour les assurer
de la bienveillance impériale s'ils livraient le vaincu, ses partisans et sa famille ; il y avait à craindre, en effet, que passant
au Tibet, profitant de son ancienne condition de lama et de
l'amitié du déba, Galdan trouvât des partisans et suscitât de
nouvelles complications. Les taidji olout au nombre de trente
et un ne firent pas difficulté à se réunir sous la présidence d'un
khambo lama et à prêter serment à l'Empire (7e lune, 8e jour);
ils n'avaient que haine pour Galdan, le meurtrier d'Outchirtou; quant à sa fille, elle était par mariage entrée dans leurs
tribus et ne pouvait être livrée. Mais le khân ne se dirigea pas
vers le Kouk nor; feignant de négocier avec les envoyés de

---

[1] *Tong hwa lou*, Khang-hi, LVI, LVII.

Fei-yang-kou et de l'Empereur, il gardait toujours un ou deux milliers d'hommes et, s'éloignant vers l'ouest, espérait, malgré son dénuement présent, de réunir de nouveaux soldats ; par divers émissaires, il restait en contact avec le Tibet et les princes du Kouk nor. A l'automne (9ᵉ lune, 19ᵉ jour) l'Empereur infatigable repartit pour une tournée de deux mois et s'avança jusqu'à Kwei-hwa tchheng et chez les Ordous ; il reçut et traita les princes des régions visitées, ainsi que les envoyés du talé lama, du pantchhen erdeni, des taitdji du Kouk nor, de Dzewang Rabdan, neveu et ennemi de Galdan ; il veilla à réunir et armer ses auxiliaires mongols, khochot, soungar et à mettre la région en défense contre un retour possible du Bouchouktou khân. Le 25 de la 11ᵉ lune, il donna une audience publique à Koleikouying, un envoyé de Galdan, qui n'avait pas pouvoir pour traiter. Au retour (12ᵉ lune, 2ᵉ jour), le général Fei-yang-kou vint au camp impérial ; accueilli avec les marques de la plus grande faveur, il s'entretint longtemps avec son maître et reçut les premières instructions pour la campagne du printemps. Les troupes des généraux Fei et Sapousou furent réorganisées et ravitaillées. Le 6 de la 2ᵉ lune, après six semaines de repos, Khang-hi quitta encore Péking et traversa la Mongolie jusqu'à Ning-hya. Pendant ce voyage tout rempli des préparatifs militaires et des négociations avec le Tibet, un événement imprévu changea la face des affaires occidentales. On apprit que, le 13 de la 3ᵉ lune intercalaire (3 mai 1697), le terrible chef soungar était mort après un jour de maladie ; on dit aussi qu'il s'empoisonna. L'Empereur rendit grâces au Ciel de la disparition de son ennemi et se fit à force d'insistance envoyer ses cendres que l'on dispersa aux quatre vents (1698, 7ᵉ lune) ; des fidèles du khân défunt, une partie se soumit, le reste rejoignit Dzewang Rabdan [1].

---

[1] *Tong hwa lou*, Khang-hi, LVII ; LVIII ; LIX, f. 18 v° ; LXII, f. 26 v°.

# VI

DZEWANG RABDAN. — RELATIONS AVEC LES KAZAK.
RELATIONS AVEC LES RUSSES. — SUCCESSION DU TALÉ LAMA.
LES SOUNGAR A LHASA.
GUERRE ENTRE LES SOUNGAR ET LES MANTCHOUS.

Malgré les pertes terribles des dernières campagnes, la puissance des Kalmouks n'était pas brisée. Rabdan allait se montrer le digne successeur de Baatour et de Galdan. Né, dit-on, en 1665, il était le fils aîné de Senggé, frère et prédécesseur de Galdan ; trop jeune pour hériter du pouvoir paternel, il prit part avec deux de ses frères aux premières expéditions de Galdan et se distingua contre Outchirtou (1677), ce qui semble indiquer que la date assignée à sa naissance est un peu tardive. Inquiet de la réputation acquise par les trois jeunes gens qui avaient des droits incontestables à l'autorité souveraine, Galdan fit tuer le second (1688); Dzewang Rabdan avec sept fidèles avait pu gagner le lac Balkhach ; rapidement il réunit assez de partisans pour attaquer son oncle, le vaincre (1689), poursuivre et affamer les soldats ennemis ; ayant repris sa fiancée, la petite-fille d'Outchirtou Setsen khân, qui avait été enlevée par Galdan, il put rentrer en paix vers le lac Sairam, au nord de Khouldja, et y exercer sur les Soungar du nord-ouest une autorité indépendante ; en 1696 son pouvoir s'étendait jusque sur Tourfân. La Cour n'avait pas tardé à connaître ces dissensions et, dès la 4ᵉ lune de 1689, un envoyé alla proposer à Rabdan les bons offices de l'Empereur[1] : dès lors l'échange des missions est fréquent entre le souverain mantchou et le chef soungar, également ennemis du Bouchouktou khân qui saisit et met à mort un envoyé chinois (1692). En 1696, Rabdan obtint que trois cents de ses sujets, au lieu de deux cents, pourraient chaque année commercer dans l'Empire et il reçut des présents précieux, soieries et costumes officiels. Mais, sitôt Galdan écrasé, Rabdan, désormais chef unique des Soungar, se trouva en conflit latent avec la Chine ; le prince musulman de Khamil, Abd oullah Tarkhân bek, ayant saisi (1697, 1re lune) sur territoire soungar le fils de Galdan[2] et l'ayant livré aux Mantchous, en même temps qu'il reconnaissait leur suzeraineté[3], ses envoyés furent emprisonnés par Rabdan ; celui-ci dispersa près de Khamil la troupe commandée par Tantchila, un lieutenant de Galdan, qui voulait se soumettre à l'Empereur. Les émissaires mantchous, d'autre part, s'efforçaient d'attirer dans l'alliance de Péking les plus jeunes frères de Rabdan. Toutefois, il n'y eut pas alors d'hostilités déclarées ; l'Empereur, rassasié de gloire et de puissance, ne cherchait pas à étendre ses vastes États ; Rabdan préférait la paix avec l'Empire, puisque ses sujets dirigeaient les caravanes entre la Chine et l'Occident et puisqu'il était menacé par plusieurs de ses voisins de l'ouest.

Avec les Tourgout, éloignés, les relations variaient de l'alliance à la guerre ; Rabdan cherchait avant tout, on l'a dit plus haut, à intercepter les caravanes venant de la Volga en Chine et faisant ainsi concurrence aux Soungar. Les Kazak, ennemis héréditaires des Kalmouks, paraissent sous Tyavka (Theoukhe) khân avoir atteint un certain degré d'organisation et avoir redoublé leurs pillages de tous côtés ; le fils de Tyavka, capturé par Galdan et envoyé près du talé lama, fut, par l'entremise de

---

[1] *Tong hwa lou*, Khang-hi, XLV, f. 29 r°; LVII, f. 4 r°.

[2] Condamné à mort en 1698, puis gracié, ce prince entra dans la garde impériale (1701) et fut marié par les soins de l'Empereur (1706).

[3] *Tong hwa lou*, Khang-hi, LIX, f. 13 r°; LX, f. 22 v°.

Rabdan, rendu à son père ; celui-ci massacra traîtreusement l'escorte de cinq cents Soungar, soldats et nobles, qui ramenait le jeune homme ; il s'appropria toutes leurs armes, provisions et chars ; il s'empara aussi du fils du Tourgout Ayouka, traversant le pays pour se rendre chez ses alliés soungar et reconduire sa sœur à Rabdan, dont elle était l'épouse. La guerre qui en résulta (1698), tourna encore contre les Kazak[1] ; c'est en vain qu'après avoir plus d'une fois pillé les Russes, ils implorèrent le secours du gouverneur de Tobol'sk, Matvéï Pètrovitch Gagarin. Tyavka étant mort (1718), son successeur Boulat khân, chef direct de la Moyenne Horde, assista à la ruine de sa nation : Turkestân, qui était aux Kazak depuis un siècle, fut pris (1723) ainsi que Tâchkend ; les tribus furent pourchassées, affamées ; la Petite Horde, traversant la Emba, chassa devant elle les Tourgout ; la Moyenne Horde s'avança vers le nord-est ; la Grande Horde resta vers Khodjent. Une partie de ces deux dernières se soumit à Rabdan, qui augmenta encore le nombre de ses sujets en annexant les Bourout de l'Issygh koul forts de trois mille guerriers. Kâchgar, Yârkend, tout le pays des Altychahar fut fermement maintenu dans l'obéissance.

La Russie aimait à voir en Dzewang Rabdan un allié possible contre les Tourgout ; elle ménageait surtout les caravanes, réduisait la dîme des transactions à un droit d'un vingtième, exemptait totalement les marchands envoyés par le kontaicha, traitait avec les Soungar pour le transport du sel, pour le commerce des esclaves. Mais cette entente, minée par quelques faits de pillages et d'exactions, fut presque rompue à propos de l'or de Yârkend. Cette région passait alors pour riche en gisements ; le prince Gagarin, ayant acheté à Tobol'sk (1712) de la poudre d'or de cette provenance, l'envoya au tsar et conseilla de s'emparer du pays ; il s'agissait simplement à son avis de bâtir une ligne de forts depuis l'Irtych jusqu'à Yârkend pour

---

[1] *Tong hwa lou*, Khang-hi, LXI, f. 25 v°.

protéger la route à travers le territoire du kontaicha. Le projet fut adopté et personne ne semble s'être rendu compte ni de la distance, ni des difficultés provenant du terrain, ni des droits des Soungar sur le pays. Le lieutenant-colonel Ivan Buchholz envoyé à Tobol'sk organisa l'expédition; avec deux régiments d'infanterie, sept cents dragons, de l'artillerie et soixante-dix ouvriers et ingénieurs, en partie Suédois prisonniers, en tout près de trois mille hommes, il quitta Tobol'sk au mois de juillet 1715 et par Tara il atteignit le lac Yamych, d'où la Sibérie occidentale tirait son sel : l'arrangement conclu quatre-vingts ans plus tôt avec Baatour khongtaidji pour l'exploitation des salines, restait toujours en vigueur. A quelques versty du lac, sur le bord de l'Irtych, Buchholz construisit une petite redoute, Yamychevskaya. Les Soungar virent dans ce fait une violation de leur territoire; Dzereng Dondouk[1], qui était presque aussi puissant que son frère Dzewang Rabdan et qui campait tantôt sur la rivière Emil tantôt sur le lac Zaisan, vint assiéger Yamychevskaya. Buchholz déclara que le tsar n'était pas ennemi du kontaicha, il refusa de se retirer et se laissa bloquer; sa petite troupe, réduite à sept cents hommes par la famine et les maladies, dut au printemps de 1716 battre en retraite vers le nord; elle fonda à l'embouchure de l'Om Omskaya krêpost'. Gagarin songea, un peu tardivement, à s'entendre avec le souverain soungar; Vil'yanov fut envoyé avec une lettre que le tsar avait écrite d'Amsterdam en décembre 1716; il ne put faire goûter à Rabdan l'idée d'une chaîne de forteresses russes jalonnant une route à travers ses États et il rentra (1718), rapportant les menaces du khongtaidji et ses plaintes à propos de la conduite tenue par les Sibériens à l'égard des sujets kalmouks. Cependant le tsar Pierre avait pris la chose à cœur et pressait Gagarin qui lançait expédition sur expédition; Yamychevskaya avait été rebâtie (1717) et

---

[1] Dondouk, d'après les textes russes d'origine, Dondoub, d'après le chinois et le mantchou.

soutenue par une autre forteresse. Au retour de Vil'yanov, le tsar comprit avec quelle légèreté l'expédition avait été engagée ; Gagarin et Buchholz furent rappelés et soumis à une enquête qui durait encore au début de 1719. Par un oukaz de janvier 1719, le major de la garde, Ivan Mikhailovitch Likharev fut envoyé sur l'Irtych. Au printemps de 1720, Likharev avec quatre cents hommes s'avança vers le lac Zaisan ; il rencontra une armée de vingt mille Soungar commandée par Galdan Dzereng, fils et héritier présomptif de Rabdan Les Russes avaient quelques canons et des fusils ; les Kalmouks, armés de flèches, les entourèrent et pendant trois jours éprouvèrent des pertes importantes sans les laisser reculer ni avancer ; ils leur permirent enfin de se retirer et laissèrent Likharev construire le fort d'Oust'Kamennogorsk, qui resta pendant soixante-dix ans le poste avancé des Russes dans la vallée de l'Irtych[1]. A ce moment, les Soungar, après des succès sérieux vers Tourfân et à Lhasa, subissaient de graves échecs. L'attitude du kontaicha se fit plus conciliante ; l'envoyé Tchérèdov, bien que fort maltraité, rapportait (mai 1721) une lettre où Rabdan se plaignait de l'entente tolérée entre la Chine et les Tourgout, mais ne se refusait pas à poursuivre les négociations. Un Kalmouk se rendit en mission à Saint-Pétersbourg (septembre 1721) ; il fut accompagné au retour par Ivan Ounkovskiï, porteur d'une lettre impériale et qui, bien accueilli, ne rentra à Tobol'sk qu'en février 1724. Les résultats de la mission furent minces, échange de prisonniers, vagues promesses de soumission et de protectorat ; rien ne fut décidé pour les mines d'or, malgré les instructions spéciales remises à Ounkovskiï ; mais les caravanes profitèrent de nouvelles facilités et des marchands kalmouks furent dirigés par Verkhotour'è sur l'Europe. L'envoyé russe constata

[1] Dans une de ces expéditions, un Suédois, Jean Gustave Renat, fut fait prisonnier (1716) ; il resta chez les Kalmouks jusqu'en 1733 et au retour dressa une carte du pays. Voir G. Cahen, *les Cartes de la Sibérie au XVIII* siècle*, 1 vol. in-8. Paris 1911 (n° 100). Un fac-similé de cette carte a paru dans *Pertermann's Mittheilungen*, février 1911 (Asie centrale de Tâchkend à Khamil et de l'Irtych au sud de Yârkend).

que, depuis trente ans, les Soungar avaient développé leur agriculture, ils cultivaient le froment, l'orge, le millet, le riz, des fruits, tels que courges, melons, raisin, prunes, pommes, ils élevaient toutes sortes de bétail, fabriquaient du cuir et du drap, travaillaient le fer; leur commerce les mettait en relations avec l'Inde, le Tibet, la Russie, la Chine. Le khongtaidji, qui avait reçu du talé lama le titre de Erdeni Souriktou Baatour khongtaidji, gouvernait avec l'aide d'un conseil, ou sarga, formé d'une dizaine de zaisan : on donnait ces fonctions aux membres de la plus haute noblesse. L'Empire Soungar, s'étendant de Tàchkend à Tourfàn et du lac Zaisan au Tibet, atteignait alors à son plus haut degré de force et d'éclat; et la mort récente de l'empereur Khang-hi, les dispositions pacifiques de son successeur, l'arrivée d'une ambassade chinoise donnaient au kontaicha l'espoir de regagner au Tibet et vers Tourfàn l'influence qui lui avait échappé récemment. Ces vues, soutenues par un parti antirusse comprenant l'héritier du trône, ne furent pas étrangères au demi-échec d'Ounkowskiï.

A l'est et au sud-est, la politique de Dzewang Rabdan avait déployé la plus grande activité pendant la période même de tension avec la Russie. Depuis que le talé lama Lobdzang gyamtsho était devenu roi du Tibet, l'autorité était exercée sous sa suprématie par le premier ministre ou déba et par le khân khochot protecteur de la foi, Goûchi, puis Dayân, puis Dalai. Le khân commandait en chef les troupes; il semble qu'il entretenait aussi des relations à l'étranger, puisqu'en 1664 le Grand Mogol reçut une ambassade du tsanpo du Tibet : à cette époque ce titre ne peut désigner que Dayân khân. Le déba, considéré comme un lama, mais dispensé du célibat et d'une partie de la discipline ecclésiastique, dirigeait l'administration civile temporelle; il était aussi appelé dési ou régent et il était parfois tenté d'abuser de son pouvoir étendu; vers 1670, le dési se révolta et fut enfermé dans une forteresse grâce à l'aide des troupes du khân. Le talé lama lui donna comme successeur Sanggyé gyamtsho, un homme d'action, intelligent, écrivain apprécié et qui passait pour le fils du pontife ; le nouveau dési, sous le couvert du souverain, exerça bientôt une influence prépondérante dans le gouvernement ; il paraît être intervenu près de l'Empereur (1674) en faveur de Wou San-kwei, le prince révolté du Yun-nan ; peu d'années après (1680), Wou Chi-fan, fils de ce dernier, lui demanda passage pour gagner la région du Kouk nor et lui proposa de céder au Tibet des districts de l'ouest du Yun-nan : la lettre adressée à Sanggyé gyamtsho fut interceptée par les Chinois. De ce jour, le dési fut l'objet des soupçons de la Cour : peut-être redoutait-il, en effet, le pouvoir grandissant des Mantchous.

Le souverain du Tibet mourut en 1680 ou 1681 ; le dési, entendant garder à son pays l'influence que lui avaient acquise chez les Mantchous et les Mongols la sagesse et l'expérience du pontife, tint secret son décès et déclara que Lobdzang gyamtsho, voulant se livrer à la méditation et à l'extase, s'était retiré dans un bâtiment isolé du Potala : le fait n'était pas nouveau de reclus vivant durant des années dans une retraite absolue. Le dési continua donc de gouverner, d'accord avec le pantchhen rinpotchhé, qui était alors un jeune homme. Toutefois la succession pontificale fut régulièrement assurée : un enfant né environ un an après la mort de Lobdzang gyamtsho fut immédiatement reconnu par le pantchhen lama comme l'incarnation du défunt ; quand il eut atteint l'âge rituel, il prononça les vœux, fut consacré comme sixième talé lama[1] et reçut le nom de Tshanggyang gyamtsho (25e jour de la 11e lune 1697). Le dési, conformant son langage aux croyances lamaïques, pouvait déclarer d'abord que le talé lama s'était

---

[1] M. Rockhill fixe l'intronisation de ce talé lama à la 11e lune de 1696, ce qui rend la suite des faits encore plus difficile à saisir. Le *Tong hwa lou* est formel (Khang-hi, LIX, ff. 14 r°, 15 v°, 16 v°) : Pao-tchou, présent au Tibet à la 11e lune de 1696, annonce la prise de pouvoir pour « l'année prochaine » ; dans un autre passage, on parle de l'année qui porte le signe tchheou, c'est-à-dire 1697. Les expressions *jou ting, tchhou ting*, qui sont employées pour dire que le talé lama abandonne l'exercice de l'autorité ou le reprend, signifient exactement entrer en samâdhi (extase pouvant aller jusqu'au nirvàna) ou sortir de samâdhi.

confiné dans la retraite et ensuite qu'il en sortait pour diriger
de nouveau le gouvernement : il s'agissait les deux fois du
même personnage avec la légère différence d'une réincarnation. Les Tibétains furent informés, semble-t-il, et du décès
du cinquième pontife et de la découverte de son successeur ;
ils considéraient donc le nouveau talé lama comme légitime.
Mais les princes étrangers, n'étant pas avisés que Lobdzang
était mort, oublieux peut-être des subtilités de la croyance
lamaïque, pensaient toujours voir sur le trône le pontife
révéré. Le dési ne faisait rien pour les détromper. Au nom de
son maître, il persista dans l'alliance mantchoue et, d'acccord
avec Péking, chercha à mettre la paix entre les Khalkha et les
Soungar. En 1689 toutefois, soit par jalousie à l'égard du
tcheptsoun dampa des Khalkha, soit pour des vues politiques
plus étendues, il manifesta quelque penchant pour Galdan et
fit conseiller à Péking (12ᵉ lune) de lui abandonner ses ennemis,
le Thouchethou khân et son frère le tcheptsoun dampa
khoutoukhtou. Rien n'était plus contraire à la politique de
l'empereur Khang-hi. Le bruit que Lobdzang gyamtsho était
mort depuis plusieurs années, commençait peut-être de se
répandre, du moins l'Empereur, pour la première fois semble-
t-il, conçut des soupçons : à une date indéterminée, il envoya
à Lhasa deux lama qui, en 1652, avaient vu le pontife à Péking ;
les deux informateurs rapportèrent que le dési leur avait
montré de loin, sur le sommet d'une tour, un lama en prières,
tout entouré de gaze rouge et de fumées d'encens. Cette exhi-
bition était peu convaincante ; mais l'Empereur ne désirait
pas rompre avec le Tibet et il continua dans ses négociations
d'admettre que son vieil allié était toujours sur le trône ; cette
situation se prolongea plusieurs années. Enfin, après la victoire
de Tchaomodo, il changea d'attitude ; ses ordres envoyés alors
aux princes du Kouk nor accusent le dési d'avoir pendant
neuf ans et plus dissimulé la mort du pontife, d'avoir par ses
mensonges excité Galdan et causé la guerre ; les mêmes impu-
tations sont répétées dans un manifeste adressé à des envoyés

tibétains arrivant de Si-ning (6e lune); cette pièce déclare :
« Le dési a celé aux protecteurs de la foi la mort du pontife;
au lieu de remettre au pantchhen la direction de l'église de
Tsongkhaba, il l'a gouvernée lui-même sous le nom du défunt;
il a séduit Galdan et l'a incité à la guerre, comme plus d'un
chef soungar l'a reconnu après Tchaomodo. Plusieurs fois, à
mes envoyés il a montré de loin un prétendu talé lama en
retraite sur une tour; il a envoyé un lama prier et consulter
les dieux pour les expéditions de Galdan; il a empêché le
pantchhen convoqué par moi de se rendre à mon appel. Ne
sait-il plus qu'il était d'abord un intendant privé du talé lama,
qu'il a été élevé par moi au rang de prince du Tibet? il a
trompé le talé lama et le pantchhen erdeni; il s'est entendu
avec Galdan et il a ruiné l'église de Tsongkhaba. » En termi-
nant, l'Empereur annonce l'envoi d'un secrétaire du Li fan
yuen pour procéder à une enquête et autorise la mission tibétaine ou une partie de ses membres à accompagner son
représentant pour rentrer à Lhasa. Au printemps suivant, le
nimathang khoutoukhtou arriva pour donner des explications
au nom de Sanggyé gyamtsho : celui-ci niait tous les griefs
de l'Empereur, sauf un seul, il admettait avoir caché le décès
du pontife et il priait le souverain mantchou de tenir cette
mort secrète encore quelque temps; il annonçait pour la
11e lune l'intronisation du jeune talé lama et invitait Khang-hi
à s'y faire représenter. Mais en même temps, il avisait officiellement les Soungar de la mort du précédent pontife et, sous
ce prétexte, arrêtait une expédition que Dzewang Rabdan
entamait contre Galdan : c'était encore une fois secourir
celui-ci et tromper la Chine. La mort du khân soungar sur-
venant assoupit le différend entre Péking et Lhasa; Sanggyé
gyamtsho gouverna officiellement pour le sixième talé lama
comme il avait gouverné clandestinement sous le nom du
cinquième [1].

---

[1] *Tong hwa lou*, Khang-hi, XLIV, f. 26 r°; LVII, f. 8; LIX, ff. 13 à 16.
Comparer Mailla, XI, pp. 216-221.

Toutefois le Tibet restait troublé ; là était le nœud de la diplomatie des Mantchous et des Soungar. Le talé lama Tshanggyang gyamtsho devenait un jeune homme intelligent, poète (ses chansons sont demeurées populaires à Lhasa), épris de magnificence, ardent pour tous les plaisirs ; le vieux dési, inquiet de cette nature indomptable, avait autant que possible retardé l'intronisation ; ses avis étaient vains auprès du pontife aussi bien que ceux de Lobdzang Yéchès, le pantchhen rinpotchhé, un homme dans la force de l'âge, à la fois prudent et ferme, modérateur des partis, respecté par les Tibétains, par les Mongols et par les Chinois. La conduite du talé lama rendait douteuse la réincarnation du vénéré Lobdzang gyamtsho ; les chefs de l'ordre jaune tombaient dans la perplexité ; les gouvernements du Tibet et des pays voisins redoutaient des désordres. En 1701, dans sa vingtième année, le pontife fut informé par Latsang khân, protecteur de la foi, fils de Dalai khân († 1700), par le khongtaidji Dzewang Rabdan et par l'Empereur qu'il ne pouvait être reconnu comme la vraie réincarnation de son prédécesseur sur le trône ; aussitôt sans protestation, il fit en présence du pantchhen erdeni renonciation à tous ses privilèges pontificaux et religieux, mais il se réserva ses droits temporels et se plongea de plus en plus dans sa vie de désordres. Sanggyé gyamtsho, le régent, le soutenait malgré tout et se montrait, de ce fait, de plus en plus hostile au khân khochot, pouvoir rival, appuyé sur la Chine. Deux tentatives furent faites pour empoisonner le khân avec son principal ministre, Sodnam gyapo, de Khang-tchhen ; on essaya aussi de le chasser par la force. En réponse, Latsang khân attaqua le dési dans son palais, puis dans un fort où il s'était réfugié ; il persuada au vieil homme d'Etat que le talé lama lui ordonnait de se rendre, et le fit mettre à mort. Débarrassé de cet adversaire tenace et dissimulé, l'Empereur donna à Latsang khân le poste vacant de régent et ajouta à son titre de khân un nom honorifique chinois (12ᵉ lune 1706) ; c'était la première fois que la Chine intervenait aussi ouvertement dans

les affaires intérieures du Tibet. Elle avançait commercia-
lement et militairement, ayant occupé (1701), sur la route de
Lhasa, Ta-tsyen-lou, l'entrepôt du thé, et toute la principauté
tibétaine de Ming-tcheng jusqu'à la rivière Yalong, ayant jeté
(1702) un pont de chaînes sur la rivière Thong (Ta-tou ho) et
donnant des titres aux chefs de la région (1702, 6e lune intercalaire). Cependant, Tshanggyang gyamtsho continuait sur le
trône sa vie licencieuse ; une assemblée de religieux, réunie
par Latsang, avait déclaré que le pontife pécheur renfermait
bien en lui-même l'âme créée de son prédécesseur, mais que
l'âme du bodhisattva ne s'était pas développée : les théologiens
n'osaient donc pas contester la réincarnation et la légitimité.
L'Empereur appela alors (1706, 12e lune) à Péking le talé
lama et le khân dut lui fournir une escorte ; en passant devant
Dépoung, la caravane fut attaquée par neuf mille lama et
fidèles venant au secours de leur pontife ; il fallut prendre
de vive force la bonzerie pour le replacer au milieu de
son cortège ; arrivé à Nagtchoukha, sur territoire khochot,
Tshanggyang gyamtsho fut mis à mort, disent les missionnaires
Capucins ; d'après les Chinois, il mourut d'hydropisie entre
Nagtchoukha et le Kouk nor[1]. Latsang, d'accord avec le
pantchhen rinpotchhé, découvrit la véritable réincarnation du
cinquième talé lama dans la personne d'un lama nommé
Yéchès gyamtsho et âgé d'environ vingt-cinq ans, comme
l'exigeaient les concordances. Le nouveau bouddha vivant ne
fut reconnu ni par le peuple ni par la majorité des religieux ;
le soulèvement de la conscience, du patriotisme, de l'intérêt
trouva aussitôt un appui dans la découverte faite à Lithang
d'un nouveau-né qui avait déclaré qu'il était le talé lama et
qu'il voulait rentrer à Lhasa. Une commission de lama
envoyée par Latsang examina l'enfant et prononça, contre lui,
mais sans netteté ; le prétendant et ses parents furent internés

---

[1] *Tong hwa lou*, Khang-hi, LXXVIII, ff. 19, 20 v°. — *Breve notizia del regno
del Thibet*, dal frà Francesco Orazio della Penna de Billi, dans le *Journal
Asiatique*, vol. XIV, 1834 (p. 40, etc.).

dans le fameux temple de Skouboum proche de Si-ning. Des protestations, provenant surtout des princes du Kouk nor, ayant atteint Péking, l'Empereur envoya (1708) le secrétaire La-tou-hwen pour procéder à une enquête avec les représentants des princes mongols; le dignitaire mantchou accepta les dires du khân et du pantchhen rinpotchhé et demanda pour Yéchès gyamtsho l'investiture impériale; en vue de donner un gage au parti opposé, un résident mantchou, Ho-cheou, fut envoyé pour seconder le khân (1re lune 1709) : l'autorité impériale n'y perdait rien. Le brevet d'investiture fut donné un an plus tard (3e lune 1710). Ces deux mesures marquaient une étape importante de la domination chinoise [1].

La mort du dési Sanggyé gyamtsho, qui avait toujours été lié avec les Soungar, fut un premier échec pour Dzewang Rabdan; la mission de Ho-cheou et l'investiture chinoise donnée au talé lama, puis au pantchhen rinpotchhé (1713, 1re lune), ruinaient l'influence du khongtaidji. Celui-ci ne tarda pas à rouvrir les hostilités qui étaient suspendues depuis près de vingt ans; son effort porta à la fois sur la Mongolie occidentale et sur le Tibet [2]. D'accord avec les princes du Kouk nor et avec les lamas de Séra, de Dépoung, de Tachilhounpo, Rabdan résolut de délivrer le talé lama retenu à Skouboum et de l'opposer à celui du Potala; il prépara en grand secret deux corps de troupes choisies (1717); l'un eut mission d'enlever le pontife prisonnier et de le conduire à Nagtchoukha sur la route de Lhasa; l'autre, fort de six mille hommes, commandé par Dzereng Dondouk, frère du khongtaidji, fut acheminé directement sur Nagtchoukha par Khotan, les plateaux déserts et le Tengri nor (Nam tso). La cour de Péking, depuis plusieurs années, conseillait la méfiance à Latsang, dont le fils aîné, gendre de Dzewang Rabdan, était

[1] *Tong hwa lou*, Khang-hi, LXXXIII, f. 35 r°; LXXXV, f. 41 r°; XCI, f. 1 r°; XCIII, f. 9 r°; XCIV, f. 10 r°: XCVII, ff. 18, 19.

[2] *Tong hwa lou*, Khang-hi, C, CI.

retenu chez les Soungar sous divers prétextes ; informée
vaguement, elle avait, au cours de l'année 1716, envoyé des
troupes sur le Bouloungir[1] et à Barkoul (nord de Khamil) ;
elle avait, dans l'été de 1717, donné des ordres précis au vice-
roi du Seu-tchhwan, aux commandants de Si-ning et de
Song-phan ; elle avertissait aussi des plans de l'ennemi
Latsang khân qui, adonné à l'ivrognerie et déjà âgé, ne tint
aucun compte des avis. Au mois de juin 1717, il partit pour
Nagtchoukha où il allait chasser tous les ans ; il comptait, de
plus, y rencontrer son fils aîné dont le retour était annoncé.
Mais il vit arriver l'armée de Dzereng Dondouk ; il n'avait
qu'une escorte ordinaire ; il put cependant arrêter l'ennemi
jusqu'au mois d'octobre à un défilé au nord du grand lac ;
alors il se retira sur Lhasa. Les Soungar envoyés à Skouboum
avaient été dispersés par les troupes mantchoues. Dzereng
Dondouk dissimula cet échec et fit courir le bruit que le jeune
talé lama, le seul véritable, allait le rejoindre ; en même temps
il marchait sur Lhasa et parvenait devant les murailles vers la
fin de novembre. Les secours chinois n'avaient pas eu le temps
d'arriver. Les premières attaques furent repoussées ; mais le
2 décembre (10ᵉ lune, 30ᵉ jour), dans la nuit, une porte fut
ouverte et les Soungar, qui venaient rétablir la religion et l'ordre
jaune, se précipitèrent dans la ville. Le pillage et les massacres
durèrent trois jours ; le peuple de Lhasa en a, dit-on, gardé
jusqu'ici le souvenir. Latsang, qui avait défendu le Potala, fut
tué en cherchant à fuir ; l'attitude énergique du pantchhen
sauva la femme de Latsang, l'un de ses enfants, ainsi que le
talé lama Yéchès gyamtsho, qui fut autorisé à rentrer comme
simple religieux dans le monastère d'où le khân l'avait tiré.
Mais le Potala fut mis à sac ; les Soungar, lamaïstes,
souillèrent les temples, détruisirent le monument funéraire de

---

[1] Un fleuve ainsi nommé existe à l'ouest de Sou-tcheou et passe à Ngan-si ;
un autre, du même nom, coule à l'ouest du Kouk nor, vers le Tsadam. Dans les
campagnes de cette époque, il doit presque toujours être question du premier.

Lobdzang gyamtsho, pillèrent tous les trésors et en ornèrent les temples de Khouldja.

La race de Goûchi khân était éteinte ; Rabdan détenait les sanctuaires du lamaïsme, ses possessions devenaient limitrophes du Yun-nan et du Seu-tchhwan : l'Empire Soungar menaçait la Chine propre de plus près que sous Galdan. L'empereur Khang-hi n'était pas homme à tolérer cette situation ; il était débarrassé de Latsang khân, gênant parfois, ainsi quand il réclamait Ta-tsyen-lou comme en 1714 ; il agit sans tarder contre Rabdan. Une première expédition, trop vite préparée par Erentei (Ngo-lwen-the), vice-roi du Seu-tchhwan, ayant été écrasée sur le Nag tchou (Kara ousou) et le vice-roi ayant été tué (automne de 1718), une force plus considérable, dix mille hommes plus les auxiliaires du Kouk nor, fut dirigée (1720) en deux colonnes, l'une par Ta-tsyen-lou Bathang, l'autre par le Tsadam ; un manifeste l'accompagnait : l'armée venait défendre la foi menacée par de faux partisans, elle ramenait le vrai talé lama [1], le prisonnier de Skouboum, dont le peuple implorait depuis si longtemps le retour. L'appel adressé aux Tibétains fidèles fut entendu : l'armée du Seu-tchhwan ne rencontra aucune résistance, celle du Tsadam mit plusieurs fois en déroute (octobre 1720) les Soungar qui s'étaient rendus odieux ; Dzereng Dondouk et moins de la moitié de ses soldats purent regagner leur pays. Quelques jours plus tard, le jeune talé lama, ramené par les Chinois, faisait son entrée dans Lhasa, au Potala ruiné par les Soungar ; le peuple l'acclamait ; le pantchhen rinpotchhé, en politique avisé, le reconnaissait comme pontife légitime, tandis que Yéchès gyamtsho était emmené en Chine pour éviter toute difficulté. Un petit nombre de rebelles, amis des Soungar, fut mis à mort ; mais, au témoignage du P. Jésuite Desideri,

---

[1] Le nouveau pontife avait reçu au Kouk nor (début de 1720 ou fin de 1719) l'investiture chinoise comme sixième talé lama sous le nom de Galdzang gyamtsho. Voir *Tong hwa lou*, Khang-hi, CV, f. 45, 2ᵉ lune ; voir aussi CIV, f. 42 v°.

les Chinois usèrent de modération, ce qui fit détester encore davantage les atrocités des Kalmouks[1].

Les graves événements du Tibet forment l'une des faces des hostilités engagées entre le khongtaidji soungar et l'Empereur mantchou ; la Mongolie occidentale fut le théâtre d'une lutte plus longue et non moins acharnée. Les hostilités s'engagèrent autour de Khamil, à propos de querelles entre des pâtres et de tracasseries subies par des marchands[2] ; la garnison chinoise, attaquée au printemps de 1715, repoussa les agresseurs et fut renforcée, ravitaillée plusieurs fois ; Barkoul et la vallée du Bouloungir furent occupés par les impériaux l'année suivante ; plus au nord, les Ouryangkhai, qui vivent de l'élevage du renne et de la chasse dans les forêts arrosées depuis la région de Nertchinsk jusqu'aux branches supérieures du Eniséï, prenaient parti soit pour les Chinois, soit pour les Soungar ; pour la première fois, l'un de leurs chefs, Po-pei, vassal de l'Empire depuis 1705, coopérait avec les troupes mantchoues, tandis que d'autres Ouryangkhai servaient Rabdan et ses zaisan, sous leurs ordres prenaient part au sac de Lhasa[3]. Pendant le début des opérations, les chefs

---

[1] *Tong hwa lou*, Khang-hi, C, f. 29 r°; CII, ff. 38 v°, 39 r°; CIV, ff. 42 v°, 44 r°; CVI, ff. 48 et 49.

[2] Ainsi l'expliqua aux mandarins un Tourgout qui avait suivi le fils d'Ayouka et avait avec ses compagnons été retenu par Rabdan; celui-ci distribua ses « dix mille » prisonniers entre ses zaisan; le Tourgout, emmené dans la campagne de Khamil, fut fait prisonnier par les Chinois *(Tong hwa lou*, Khang-hi, XCV, f. 14 r°).

[3] Les Ouryangkhai, vivant de chasse en petites tribus isolées, payaient cinq zibelines par homme et par an, soit aux Chinois soit aux Russes sur le territoire desquels ils se trouvaient; les groupes de la frontière donnaient une zibeline aux Chinois et une aux Russes. Dépendant d'abord des Khalkha et des Soungar, ils commencèrent vers la fin du xviie siècle de se grouper sous l'autorité de Po-pei, un homme du khanat de Dzasakthou, qui de gré ou de force fut reconnu comme suzerain par plusieurs tribus. La famille de Po-pei resta fidèle jusqu'en 1756; à la suite d'une révolte, elle fut alors anéantie. Une tentative d'organisation administrative (1758) provoqua de nouveaux troubles. Les Ouryangkhai, placés pour la plupart sous la surveillance du prince Sain noyan, formaient alors trois grands groupes dans les monts Thangnou (45 capitaineries), dans l'Altai (7 bannières), autour de l'Altai nor (2 bannières).

soungar semblent s'être contentés, tout en préparant leur campagne du Tibet, de razzier les garnisons chinoises, les populations vassales de l'Empire, les troupeaux et les haras. L'Empereur porta son principal effort au nord-ouest, en vue d'approcher du cœur du pays soungar ; en 1717, plusieurs armées gardaient la Mongolie, l'une dite de l'Altaï, commandée par Fou Eul-tan, une seconde de Pa-li-khwen (Barkoul) sous Fou Ning-ngan ; la troisième dite de l'ouest sous Khi Li-te ; ayant pour centre Barkoul et les pâturages de la montagne, elles communiquaient au sud-est avec les troupes de Soutcheou et de Si-ning ; elles avaient pour instructions générales de cultiver et de faire de l'élevage autour de leurs campements, de partir de ces points bien établis pour des campagnes plus lointaines. Grâce à cette organisation méthodique, des forces suffisantes se trouvaient à portée du Tibet lors de l'invasion de Dzereng Dondouk : les Soungar ne purent dépasser Bathang et Lithang, ils furent chassés rapidement, eu égard à la nature du terrain, aux coutumes de guerre de la région et de l'époque. L'offensive de l'ennemi décida l'Empereur à renforcer et concentrer son action : à la 11ᵉ lune de 1718, des renforts importants furent dirigés sur Kan-tcheou, Tchwanglang (Lyang-tcheou) et Si-ning. Le prince Yun-thi (Yin-thi), quatorzième fils de l'Empereur, dirigeait la troisième de ces armées et devait prendre le commandement en chef. En 1720, tandis que les troupes du Seu-tchhwan et de Si-ning rentraient au Tibet, les divisions de Barkoul et de l'Altaï, prenant au passage Pidjan et Tourfân, remportaient une victoire à Ouroumtchi (7ᵉ lune, 18ᵉ jour) et ramenaient à Barkoul un butin important, n'ayant pu rester à Ouroumtchi à cause de la sécheresse ; mais l'année suivante, une sédition de la population musulmane permit aux Chinois de s'installer à Tourfân [1].

Voir *So fang pei cheng*, livre 5 ; *Tong hwa lou*, Khang-hi, XCVI, f. 15 ; Khyen-long, XLIII, f. 28 v° ; XLIV, ff. 29 à 39.

[1] *Tong hwa lou*, Khang-hi, XCVI à CVIII. Voir spécialement XCVI, f. 15 r° ; XCVIII, f. 22 v° ; CII, f. 39 ; CV, ff. 46 à 48 ; CVIII, f. 54 r°.

À la fin de 1722, l'empereur Khang-hi mourut; il avait
désigné comme successeur son quatrième fils, qui donna à ses
années de règne le nom de Yong-tcheng. Elevé près du trône,
le nouveau souverain n'avait ni la largeur de vues de son
père, ni ses connaissances pratiques, ni son activité. Dès le
lendemain de son avènement, son premier soin fut de rappeler
son frère, qui commandait à Si-ning et qui au retour fut condamné à vivre en reclus dans sa maison; le commandement
en chef fut donné, sous condition, au vice-roi du Seu-tchhwan
et du Cheàn-si, Nyen Keng-yao, qui, un peu plus tard, en fut
réellement investi. Le flottement qui se manifestait dès lors
dans les desseins de la Cour, eût pu être mis à profit par
Rabdan, si lui-même n'eût été aussi occupé à l'ouest; la prise
de Turkestân par les Soungar est de 1723. La guerre continua
encore au Kouk nor, mais non plus du fait des Soungar; un
petit-fils de Goûchi khân, Lobdzang Tandjin, s'attribuant le
titre de khongtaidji, intrigua près des autres chefs et, malgré
un ultimatum de la Cour, passa la frontière à l'automne; mais
dès la 2e lune (1724), ce mouvement était arrêté par Nyen
Keng-yao; Lobdzang Tandjin se réfugia chez les Soungar et le
rétablissement de la paix au Kouk nor fut annoncé au Ciel et
aux Ancêtres impériaux le 22 de la 3e lune [1]. Cependant
Dzewang Rabdan négociait la paix; des envoyés arrivèrent à
Péking à la fin de 1723 (11e lune), une importante mission
formée de lama et de secrétaires chinois se rendit au printemps
suivant près du kontaicha, en vue de fixer la frontière et de
délibérer sur le rétablissement des relations commerciales et
autres [2]. Aucun texte ne fait connaître les conditions de l'entente; mais le fait même de discuter une convention avec Rabdan ne ressemble-t-il pas à une reconnaissance officielle de
l'Empire Soungar? l'empereur Khang-hi avait donné ses conseils

---

[1] *Tong hwa lou*, Yong-tcheng, I, f. 1; II, III, IV; IV, ff. 28 r°, 29 r°.
[2] Il est probable que les négociations avaient commencé plus tôt, puisque
des envoyés chinois était près de Rabdan pendant le séjour du Russe
Ounkovskiï (novembre 1722-novembre 1723).

à Galdan, lui avait intimé ses ordres : il n'avait pas traité[1].

Des conclusions en treize articles, présentées par les conseillers à l'Empereur (1724, 5e lune, 24e jour), révèlent dans les grandes lignes l'organisation que la Cour voulait alors imposer aux confins occidentaux[2]. Toute la région de Kan-tcheou, Lyang-tcheou, Tchwang-lang, Si-ning, Ho-tcheou au Cheàn-si, de Song-phan, Ta-tsyen-lou, Lithang, Bathang au Seu-tchhwan, de Tchong-tyen au Yun-nan, sera incorporée à l'Empire et régie par des thou-seu, chefs indigènes héréditaires, dépendant des sous-préfets et préfets chinois ; des garnisons sont prévues pour tous les points stratégiques et placées sous quelques commandements importants, tels que Kan-tcheou, Si-ning, Ta-tsyen-lou, elles auront à maintenir dans les limites assignées tous les Mongols, quels qu'ils soient. A l'ouest de Sou-tcheou, la riche région du Bouloungir sera défendue par des forts et on la fera défricher par des hommes du peuple ou des condamnés provenant des provinces du nord, Tchi-li, Chan-tong, Ho-nan, Chan-si, Cheàn-si[3]. Au Kouk nor, on délimitera les terres de pâture de chaque tribu ; des dzasak, des tshan-ling ou colonels, des tso-ling ou capitaines, seront choisis d'après les mêmes règles que dans la Mongolie propre. Les princes devront tous les trois ans, suivant un rôle, aller présenter le tribut à Péking ; tous les ans, à la 2e et à la 8e lune, un marché sera ouvert à Si-ning sous la surveillance des officiers mantchous ; le thé, la farine, la toile, comme denrées de nécessité, pourront être vendus aux Mongols quatre fois par an. Les droits, calculés par charge d'animal, qui sont perçus à Ta-tsyen-lou et autres marchés pour le talé lama et le pantchhen erdeni, seront abolis ; chaque année, le gouvernement impérial fera don au talé lama de cinq mille livres de thé, au pantchhen erdeni de deux mille cinq cents livres. Dans la région de Si-ning, les lama ayant amassé des armes dans leurs

---

[1] *Tong hwa lou*, Yong-tcheng, III, f. 24 v°; IV, ff. 28, 29.
[2] *Tong hwa lou*, Yong-tcheng, IV, ff. 34 v° à 36 r°.
[3] C'est là que fut fondée l'année suivante la ville de Ngan-si.

monastères et s'étant enrichis aux dépens du peuple, une commission de lama sera chargée d'édicter des règles et les monastères seront soumis à une inspection annuelle pour obvier à ces abus. Cet ensemble de lois était complété par des mesures relatives au retrait des troupes et aux récompenses et châtiments pour les faits des dernières années.

La nouvelle disposition des garnisons chinoises, plutôt qu'un recul, était une concentration sur des positions que l'on entendait garder. Pendant les années suivantes, le calme se rétablit fort imparfaitement. Les thou-seu du Kin-tchhwan, en amont de Ta-tsyen-lou, celui de Tsa-kou, au nord-ouest de Tchhengtou, irrités par des délimitations injustes et par les exactions du vice-roi Nyen Keng-yao, arrivèrent presque à la révolte (1725). Malgré les promesses précédentes, Rabdan restait en armes et les musulmans du Lob nor et de Tourfân, au nombre de plusieurs milliers, fuyant ses violences, imploraient le maréchal Fou Ning-ngan qui reçut l'ordre de les établir à Kwatcheou et Cha-tcheou sur le Bouloungir (1725). Le khong-taidji menaçait aussi les Ouryangkhai dépendant de la Chine : de peur soit d'une invasion soungar, soit d'une invasion russe, l'Empereur envoya des encouragements à ses vassaux et prescrivit à ses officiers et au chef Po-pei des mesures pour la défense des monts Thangnou et du Kemtchik (3e lune 1726). Un peu après (11e lune 1727), il s'assurait la bonne volonté des Khalkha par un décret d'investiture qui mettait le tchepsoun dampa khoutoukhtou presque sur le même pied que le talé lama et le pantchhen erdeni. En même temps, il détournait les Russes de toute idée d'intervention, en négociant et ratifiant les conventions du comte Sava Vladislavitch ; ces arrangements ont réglé les rapports de la Russie et de la Chine pendant plus de cent ans[1].

Sur ces entrefaites, un envoyé soungar vint annoncer (11e jour de la 12e lune 1727) que Rabdan était mort de

---

[1] *Tong hwa lou*, Yong-tcheng, VI, ff. 7 r°, 12 v°; VIII, f. 3o v°; XI, f. 46 r°·

maladie ; d'après Pallas, il fut assassiné à l'instigation des lama[1]. Galdan avait été surtout un guerrier ; Dzewang Rabdan, non moins audacieux, montra des qualités de diplomate et d'homme d'État : la paix avec la Chine maintenue pendant quinze ans, l'entente avec la Russie affermie et utilisée pour peser sur la cour de Péking, la foudroyante campagne du Tibet supposent un génie calculateur et résolu ; malgré l'insuccès final au Tibet et la diplomatie avisée de l'Empereur Yong-tcheng, le kontaicha laissait un empire fort étendu, agrandi à l'ouest, plus concentré, plus uni, plus riche qu'il ne l'avait trouvé.

Avec son fils Galdan Dzereng, la lutte continua contre la Chine et, déjà en répondant à la notification d'avènement du nouveau souverain, l'Empereur énumérait ses griefs ; il les développait encore (18ᵉ jour de la 2ᵉ lune 1729) dans un manifeste aux princes et aux dignitaires mantchous et chinois. Rabdan, disait-il, avait violé ses promesses de 1723-1724 et ne s'était pas conformé aux ordres impériaux ; lorsqu'il s'était agi de délimiter ses domaines, il avait cherché à empiéter sur les territoires voisins ; il avait gardé près de lui le rebelle Lobdzang Tandjin, dont la présence serait encore plus fâcheuse près du nouveau prince, jeune et sans expérience. Quant à ce dernier, il souhaitait que ses sujets pussent de nouveau se rendre dans les sanctuaires du Tibet pour y faire leurs dévotions ; mais la condition présente de ce pays ne le permettait pas et, bien au contraire, on était fondé à croire que les émissaires soungar n'étaient pas étrangers aux menées récentes des traîtres Arbouba, Longbounai et Djarnai. Enfin, Galdan Dzereng avait, depuis la mort de son père, usé d'un langage déplacé, disant que Rabdan était devenu un bouddha et prétendant assurer le salut de tous les êtres par la propagation de l'église jaune : oubliait-il qu'il était, dans une petite tribu du coin nord-ouest, un mince taidji du dernier rang ? Des déclarations

---

[1] *Tong hwa lou*, Yong-tcheng, XI, f. 48 v°.

de ce ton, faites par l'Empereur à ses conseillers, étaient calculées pour exciter l'indignation de la cour de Péking ; les dignitaires supplièrent l'Empereur de châtier les audacieux et quelques décrets ne tardèrent pas à constituer l'armée et désigner les chefs (3ᵉ lune) : le général de la garde Fou Eul-tan commanda l'armée du nord et le vice-roi du Tchhwan-cheàn Yo Tchong-khi fut mis à la tête de celle de l'ouest ; ils avaient sous leurs ordres, entre autres officiers, le prince de Chwen-tchheng qui devait en 1731 succéder à Fou Eul-tan, deux princes khalkha, Tandjin Dordji et Dzereng, gendre de l'Empereur Khang-hi[1]. Les campagnes les plus disputées furent celles de 1731 et de 1732. Le maréchal Yo (1731, 2ᵉ et 6ᵉ lunes) proposa de faire de Tourfàn, qui paraît avoir été abandonné depuis 1724, un point d'appui des troupes et un centre de colonisation ; il y voulait mettre une garnison importante assurée d'être relevée à des époques fixes, munie d'armes, de chevaux, de chameaux, ravitaillée de grains et de bétail, communiquant régulièrement avec la Chine et avec les troupes que l'on pousserait en avant. Ce plan déplut à l'Empereur, qui le condamna en termes fort vifs et prescrivit de marcher sur Ouroumtchi, de disperser les ennemis et de replier immédiatement les troupes sur le centre de Barkoul. Ces ordres furent ponctuellement exécutés (7ᵉ lune), mais sans procurer aucun avantage durable ; aussi l'année suivante, Tourfàn fut reconnu trop difficile à défendre ; on décida de l'abandonner[2] et plus de dix mille habitants de la région furent transportés à l'intérieur des frontières, d'abord dans le ressort de Soutcheou où l'on ne put les établir, et ensuite à Kwa-tcheou sur le Bouloungir (hiver de 1732). L'armée du nord, de son côté, atteignit Khobdo à l'été de 1731 (5ᵉ lune, 6ᵉ jour) et s'y fortifia. Cependant le kontaicha, que les troupes chinoises n'avaient jamais menacé de si près, devait se garder à l'ouest

---

[1] *Tong hwa lou*, Yong-tcheng, XI, f. 48 v⁰ ; XIV, ff. 22 v⁰, 25, 26.
[2] *Tong hwa lou*, Yong-tcheng, XVIII, ff. 22 v⁰, 28 r⁰ ; XIX, f. 34 r⁰ ; XXI, ff. 13 v⁰, 15 r⁰.

et il avait envoyé pour observer les Kazak vingt mille hommes sous les ordres de Dzereng Namgyal, fils de ce Dzereng Dondouk, qui avait guerroyé contre les Russes et envahi le Tibet; il avait confié une mission semblable à son beau-frère, mais celui-ci, emmenant trois mille familles feudataires, était allé se soumettre à la Chine. Ainsi Galdan Dzereng demeurait au centre de son territoire avec seulement dix mille guerriers : trente mille hommes avaient, en effet, été acheminés vers l'Altai pour arrêter l'armée mantchoue, ils étaient commandés par les meilleurs chefs, Dzereng Dondouk en personne, que les Chinois appellent Dzereng Dondouk l'aîné, un de ses fils, Dordji Tamba, et Dzereng Dondouk dit le jeune. Pendant deux mois, l'armée chinoise se maintint à Khobdo et pénétra même plus à l'ouest, mais, vers le début de la 7e lune, elle fut écrasée et presque totalement détruite, sans que Yo Tchong-khi averti pût arriver à temps pour la dégager; en même temps (7e lune, 19e jour), l'Empereur ordonnait d'évacuer Khobdo, de ramener les troupes à la frontière et d'établir une division auxiliaire à Kwei-hwa. Les deux Dzereng Dondouk profitèrent de leur avantage ; partant de l'Irtych le 11 de la 8e lune, reprenant Khobdo au passage, ils étaient vers le 20 de la 9e lune chez les Khalkha vers le Keroulen : l'invasion reprenait le même cours que quarante ans plus tôt. Les Soun-gar furent toutefois repoussés par les deux princes khalkha Tandjin Dordji et Dzereng, qui fortifièrent les passages des fleuves Ougin, Touin et Baidalik sur la route d'Ourga à Ou-lyasouthai. Le kontaicha faisait répandre un manifeste invi-tant tous les Khalkha à reprendre leur liberté; l'Empereur répondit par des édits solennels adressés aux chefs khalkha et à ceux du Kouk nor (11e lune). Le kontaicha organisait d'autres expéditions. Au printemps (1732), Dzereng Namgyal vint d'Ouroumtchi attaquer Khamil et ne réussit pas. Quelques mois plus tard, Galdan Dzereng lança une petite armée chez les Khalkha sur la tribu du gendre impérial Dzereng, dont deux fils, une épouse et du bétail furent enlevés. Dzereng reçut la nouvelle étant en route pour Péking ; il coupa sa natte et la queue de ses chevaux et jura de se venger ou de périr. Ayant réuni une troupe de guerriers fournis par d'autres p rinces mongols, il surprit un matin les Soungar qui avaient passé la nuit à boire et à se divertir [1] ; dans le désordre de l'attaque imprévue, les hommes ne purent atteindre leurs cuirasses ni leurs selles ; les Mongols de Dzereng poursuivirent les ennemis jusqu'à Erdeni tchao (8ᵉ lune, 5ᵉ jour), en tuèrent un grand nombre et firent un grand butin ; les survivants s'enfuirent par la vallée de l'Orkhon. Un décret accorda aux vainqueurs les plus hautes distinctions. La reconnaissance impériale était justifiée. Dès lors l'invasion des Soungar est arrêtée ; dans les campagnes suivantes (1733, 1734), les impériaux s'établissent à Oulyasouthai, pénètrent jusqu'à l'Irtych, commencent de recevoir la soumission de groupes soungar qui abandonnent le kontaicha ; ils sont d'ailleurs presque aussi épuisés que leurs ennemis, la remonte en chevaux et chameaux offre surtout les plus grosses difficultés ; pour faire face aux besoins militaires les organes habituels du gouvernement ne suffisent pas, quelques conseillers de l'Empereur sont chargés à ce propos d'une mission spéciale et forment ce Kyun ki tchhou, sorte d'état-major supérieur, qui, comme conseil privé du souverain, a survécu jusqu'à la révolution chinoise [2].

A partir de 1734, les négociations s'ouvrent sous une forme assez surprenante pour des yeux européens ; il ne faut d'ailleurs pas oublier en les jugeant que nous avons seulement des renseignements chinois et que peut-être des documents soungar changeraient notre impression. La Chine est en somme victorieuse, elle doit faire quelques concessions, mais sur les points

---

[1] Le *So fang pei cheng*, liv. 4, déclare que Galdan Dzereng commandait les Soungar ; le *Tong hwa lou* ne mentionne pas le nom du kontaicha ni les détails de l'action.

[2] *Tong hwa lou*, Yong-tcheng, XVIII, ff. 28 v° à 30 v°, 31 r° ; XIX, ff. 36 v°, 37 r° ; XX, ff. 2, 3, 4 ; XXI, ff. 9 à 11, 14 v° ; XXII, f. 19 v° ; XXIV, ff. 27 r°, 28 r°.

les plus importants elle impose sa volonté : c'est ainsi que, avec
des clauses assez ambiguës, elle conserve Khobdo en pays
soungar. La Chine est aussi la puissance dominante ; dans ses
discours et ses paroles, l'Empereur le prend de très haut avec
le kontaicha, dont l'attitude semble conforme à cette condition
d'inférieur. Et cependant, c'est l'empereur Yong-tcheng qui
fait des avances pour la paix, envoyant à Galdan Dzereng (8e
lune 1734) une mission solennelle qui comprend un vice-
ministre. La lettre impériale est d'une rédaction étrange ; elle
rappelle d'abord tous les griefs de la Cour contre Rabdan et
contre son successeur, asile donné à Lobdzang Tandjin, promesse de livrer ce rebelle et prétextes invoqués pour n'en rien
faire, attaque soudaine répondant à l'arrivée d'une mission chinoise à Barkoul ; elle énumère tous les avantages remportés par
les impériaux ; après avoir écrasé le prince ennemi sous le souvenir de ses fautes et de ses revers, l'Empereur déclare qu'il a
pitié des peuples, qu'il arrête ses généraux, que, tout en continuant d'occuper Barkoul, il rappelle en arrière l'armée du
nord. Le ton de la lettre impériale était, semble-t-il, approprié,
puisque la mission revint (3e lune 1735) avec des propositions
pour délimiter le territoire des Khalkha et celui des Soungar :
les pâturages des premiers seraient bornés par les monts Khan-
gai, une zone inoccupée serait laissée entre les deux peuples.
Alors le ton des communications devient parfois plus cordial,
l'Empereur admet avec plaisir que le kontaicha souhaite de
travailler avec lui-même à la prospérité de l'église jaune et à
la félicité de tous les êtres. Tous les ans, Galdan Dzereng
expédie un envoyé avec des présents que l'usage asiatique
qualifie de tribut ; l'envoyé est reçu en audience ; l'Empereur de
vive voix et dans sa réponse écrite, reprend le même thème de
plaintes pour le passé, d'objurgations à propos de la conclusion
différée : et pourtant rien ne se conclut. Aucune question n'est
réglée ; les échanges de vues, les objections touchant les frontières, touchant les rapports avec le Tibet, se répètent comme
des clauses de style. Cependant les deux armées chinoises se

replient sur Oulyasouthai et sur l'Orkhon où elles seront soutenues par une nouvelle organisation des postes mongols (1<sup>re</sup> et
3<sup>e</sup> lunes 1736); des troupeaux et des haras impériaux sont
établis dans les pâturages de l'Alachan (3<sup>e</sup> lune 1736); la
ville de Kwei-hwa est rebâtie et fortifiée à neuf (printemps
de 1737); des transfuges soungar par familles entières sont
accueillis, quelques nobles soungar prennent du service à
Péking, voire dans la garde impériale. Tout cela indique-t-il
la paix ou la guerre ? il y a doute. A coup sûr, il n'existe pas
d'hostilités flagrantes. Galdan Dzereng déclare que la concorde
étant rétablie, toute délimitation devient inutile. L'empereur
Khyen-long (Yong-tcheng est mort en 1735, 8<sup>e</sup> lune), en raison
de la paix, rétablit dans les dignités officielles plusieurs des
généraux que son père a destitués et disgraciés, le prince
Yun-thi, son oncle, Fou Eul-tan, Yo Tchong-khi (1737,
4<sup>e</sup> lune) Toutefois on discute encore les conditions de l'arrangement mantchou-soungar[1].

Le nouvel Empereur, jeune, très persuadé de son droit
suprême et résolu à le soutenir, mais ayant la vaste intelli-
gence de son aïeul et non le caractère soupçonneux de son
père, a débuté sur le trône en confirmant les pouvoirs des
généraux de Mongolie et imprimant à la fois aux préparatifs
militaires et aux négociations une nouvelle impulsion. A la fin
de 1737, le prince khalkha Dzereng, le vainqueur d'Erdeni
tchao, est appelé de l'armée et confère avec les envoyés
soungar, il est chargé d'étudier la délimitation et propose une
solution (5<sup>e</sup> lune 1740); peut-être est-ce à lui qu'est dû l'arrangement conclu. Il n'y a pas de traité, en effet, mais des lettres
échangées entre les souverains et contenant des promesses
relatives aux points litigieux (1740, 6<sup>e</sup> lune intercalaire et
7<sup>e</sup> lune), ce qui n'empêche pas les récriminations et les menaces de continuer plusieurs années. Dans les conventions de

---

[1] *Tong hwa lou*, Yong-tcheng, XXIV, f. 30 r°; XXV, f. 32 r°; XXVI, ff. 38 à
40, 45 r°; Khyen-long, I, f. 1 ; II, ff. 13, 14, 16 v°; III, ff. 19, 20; IV, f. 31 v°;
V, ff. 33, 34, 37 r°.

1740, il n'est plus question ni de livrer Lobdzang Tandjin, ni de laisser un territoire vide entre Khalkha et Soungar ; ceux-ci sont établis au nord de l'Altai qu'ils ne peuvent franchir ; mais en ce qui concerne leurs territoires méridionaux, les indications sont trop clairsemées pour qu'on puisse avoir idée de la frontière ; les Chinois paraissent rester à Oulyasou-thai et à Khobdo, au centre même des Soungar. Une cara-vane de cette nation, comptant au plus trois cents per-sonnes, pourra se rendre chaque année au Tibet par Khamil et Tongkor ; les autorités impériales la protègeront et au besoin l'aideront à compléter ses effectifs d'animaux de trans-port. Il y a là pour les Chinois un moyen de surveiller l'entrée au Tibet de leurs rivaux ; des difficultés naquirent de cette clause dès 1741 [1]. Pour vague qu'elle paraisse, cette conven-tion assura provisoirement la paix et la suprématie mantchoue; l'énergie, la longue patience, l'habileté de la cour de Péking ont eu raison d'adversaires vigoureux, intelligents, servis par la nature du terrain qui est le leur et auquel ils sont admirable-ment bien adaptés, mais dépourvus de toute la richesse, de tout l'acquis sur lesquels s'appuie la Chine.

---

[1] *Tong hwa lou*, Khyen-long, VI, f. 44 r⁰ ; VII, ff. 46, 47 ; X, ff. 62 v⁰, 64 r⁰ ; XI, ff. 69 r⁰, 71 r⁰ ; XII, f. 1 ; XIV, f. 16 v⁰.

# VII

## LE PROTECTORAT MANTCHOU A LHASA.

Les Mantchous dominent aussi le Tibet, depuis qu'ils en ont chassé les Soungar. Le talé lama Galdzang gyamtsho ramené au Potala (1720) fut mis sous la garde de deux mille Mongols; des détachements échelonnés à Lhorangdzong, Tchamdo, Bathang assuraient la route de Ta-tsyen-lou. Le vice-roi du Seu-tchhwan, Nyen Keng-yao, proposa de réunir à l'Empire toutes les petites principautés jadis indépendantes, jusqu'auprès de Lhasa; un mandarin militaire établi à Kata, dans le voisinage de Ta-tsyen-lou, aurait commandé le pays. La partie occidentale de cette région sembla trop éloignée de Kata pour être administrée effectivement; on renonça donc à créer ce nouveau ressort (11e lune 1725) et l'on fit cadeau au talé lama de la région ouest à partir de Lhorangdzong; l'est, Tchong-tyen, Lithang, Bathang, etc., fut annexé et confié à des chefs indigènes. A Lhasa, le pouvoir fut exercé par Sodnam gyapo, de Khang-tchhen[1], commandant de la garde mongole; c'était un ancien ministre de Latsang khân; il fut assisté d'Arbouba, un ancien kalon ou ministre du talé lama[2]; ces deux hommes avaient reçu le titre de mantchou de beise et

---

[1] Les Chinois le nomment Khang-tsi-nai, appellation qui semble dériver de Khang-tchhen.

[2] *Si tsang ki*, livre 1er, f. 12. Ce mémoire, sans nom d'auteur, est reproduit dans le *Pei kyao hwei pyen*, de Ho Tshyeou-thao (Bibliothèque Nationale, fonds Pelliot, don 629).

gouvernaient l'un le nord-ouest, l'autre l'est du Tibet anté-
rieur; ils délibéraient pour les affaires les plus importantes
avec Longbounai, jadis kalon, devenu gouverneur du nord-
est, Pholonai[1], un serviteur de Latsang khân, investi du gouvernement du Tibet ultérieur, et Djarnai. L'harmonie ne dura
guère entre les cinq directeurs; malgré une mission de conci-
liation envoyée par le gouvernement chinois (1re lune 1727),
Arbouba, Djarnai, Longbounai, d'accord avec le père du talé
lama devenu gendre de Longbounai, attaquèrent et mirent à
mort (6e lune, 18° jour) le premier directeur; ils comptaient,
dit-on, sur l'appui des Soungar, dont les anciens fidèles de
Latsang khân étaient naturellement les ennemis. Pholonai prit
aussitôt la tête des troupes de son gouvernement et repoussa
l'armée des rebelles ; l'année suivante (5e lune, 25e jour), avec
neuf mille hommes du Ngari et du Tibet ultérieur, il entra à
Lhasa où il trouva le talé lama et les commissaires impériaux;
les principaux lama lui livrèrent les chefs du complot[2]. Une
force mantchoue appelée par Pholonai arrivait par le Tsadam
et maintenait l'ordre ; les généraux condamnèrent à mort les
directeurs rebelles avec leurs principaux adhérents. Pholonai
voulait se retirer dans son gouvernement, les Mantchous le
prièrent de rester à Lhasa et l'Empereur lui donna le titre de
beise avec la charge de gouverneur général du Tibet (12° lune
1728). Le talé lama, ainsi que son père, fut interné près de
Lithang (1728, 11e lune), et ensuite dans le voisinage de Kata
(1730); il ne fut admis à rentrer qu'en 1735, quand le calme
fut tout à fait rétabli ; pendant son absence la direction de
l'église avait été provisoirement confiée à un khoutoukhtou,
le ti rinpotchhé, qui était alors un homme hautement vénéré[3].

Les affaires temporelles échappaient totalement à la compé-

[1] Ce personnage était nommé Sodnam Stobgyal, de Phòlha : de ce dernier
nom dérive la désignation chinoise.

[2] *Tong hwa lou*, Yong-tcheng, VII, f. 20 r°; X, f. 18 r°; XI, ff. 36 r°, 44 v°;
XIII, f. 11 r°.

[3] Cf. *Si tsang ki.* — *Tong hwa lou*, Yong-tcheng, XIII, f. 19 r°.

tence du pontife. Deux commissaires impériaux résidèrent désormais de manière permaneute à Lhasa ; ils étaient soutenus par deux mille soldats réguliers et cinq cents hommes de relève, en outre par la garnison de Tchamdo (1.000 hommes) et par des Mongols exercés comme les troupes régulières ; de plus le territoire chinois était rapproché de Lhasa, du fait que Bathang, Lithang, Gyathang, Tchong-tyen, Wei-si restaient annexés à l'Empire. En 1733 (3e lune), au moment où le trésor et les greniers étaient en partie vidés par la guerre contre les Soungar, on décida de réduire le corps d'occupation ; on laissa à Lhasa cinq cents hommes des troupes du Seu-tchhwan et à Tchamdo le même nombre provenant de la division du Yun-nan, les uns et les autres furent relevés tous les trois ans. Toutes les affaires propres du Tibet, civiles et militaires, furent dirigées par le gouverneur général Pholonai, qui choisit les quatre kalon et les principaux chefs locaux [1]. Ce personnage fut pour la cour de Péking un auxiliaire aussi fidèle et aussi utile qu'avaient été les khân khochot ; il eut plus d'une fois à dénoncer et à déjouer les menées des Soungar. Galdan Dzereng voulut d'abord renvoyer au Tibet et doter du titre de khân un fils de Latsang, fait prisonnier au sac de Lhasa en 1717 ; averti aussitôt, l'Empereur par un décret (1731, 8e lune) remit aux deux grands pontifes l'examen de cette candidature, mais rappela en même temps aux autorités tibétaines la dernière intervention kalmouke ; la frontière fut bien gardée et Galdan Dzereng eut bientôt assez à faire de lutter contre les troupes mantchoues, il négligea donc son protégé dont on n'entendit plus parler. La paix rétablie, les caravanes du nord reprirent le chemin du Tibet ; les facilités qui leur étaient accordées pour se procurer des bêtes de somme, pour faire pâturer leurs chevaux et leurs chameaux, furent confirmées et étendues, elles ne leur semblèrent pas suffisantes ; les mar-

---

[1] *Tong hwa lou*, Yong-tcheng, XXII, f. 17 v⁰ ; Khyen-long, VIII, f. 54 v⁰. La *Breve notizia del regno del Tibet*, p. 44, donne à Pholonai le nom ou plutôt le titre de Miwang.

chands soungar déclarèrent que la convention de 1740 n'était
pas observée au Tibet, ils prièrent que les commerçants chinois
reçussent l'ordre d'acheter les marchandises des caravanes :
les conseils de l'Empire se refusèrent à toute intervention soit
dans les affaires commerciales soit près du gouvernement tibétain. Les caravanes avaient en même temps pour objet des
pèlerinages qui étaient autorisés; Galdan Dzereng demanda des
lama tibétains, aucun, semble-t-il, ne consentit à se rendre
chez les Soungar ; Galdan voulut renvoyer des lama tibétains
qui, devenus vieux, souhaitaient de rentrer dans leur pays,
l'Empereur refusa son autorisation : ni à Péking ni à Lhasa,
on ne désirait voir se rétablir des relations cordiales entre
Tibétains et Soungar. Ceux-ci étaient toujours tenus en suspi-
cion et l'offre faite de réparer des temples aux frais du kontaicha (1744, 1re lune) avait encore froissé Pholonai et les
commissaires impériaux [1].

Le prince tibétain usait de son ascendent pour accroître le
prestige de l'Empire; c'est ainsi qu'il procura l'hommage et le
tribut du Ladag et du Népal. Le khân du Ladag, Nima Namgyal, puis son fils, Tekdjoung Namgyal, fournissaient des renseignements sur les Soungar; ce sont les présents envoyés par le
second qui sont notés à la 2e lune de 1738. Les trois rois du
Népal envoyèrent une première mission (8e lune 1732), puis
remercièrent (4e lune 1739) pour les conseils pacifiques donnés
au nom de l'Empereur et qui avaient arrêté la guerre entre
eux [2]. La politique des Soungar, qui intriguaient de tous côtés,
depuis le pays des Ouryangkhai jusqu'au Ladag, n'échappait
pas à la perspicacité de Pholonai. En 1745 (11e lune) et 1747
(2e lune), il présenta à l'Empereur une revue des rapports

[1] *Tong hwa lou*, Yong-tcheng, XIX, f. 33 v°; Khyen-long, XIX, ff. 43, 44;
XXII, f. 52 v°; XXIV, f. 72 r°; XXV, f. 1 r°; XXVII, f. 20 r°.

[2] Ces rois sont ceux de Yampou (Ya-mou-pou, Yen-pou) ou Kâtmando, de
Yerang (Ye-leng) ou Patan et de Khou-khou-mou ou Khou-mou, qui répondrait
donc à Bhatgaon Cf., pour une opinion différente fondée sur un texte diffé-
rent, Sylvain Lévi, *le Népal*, tome I, pp. 54, 61, 65 (3 vol. in-8°, Paris
1905-1908).

commerciaux et politiques du kontaicha avec l'ouest[1]; l'extrait du premier document, trop bref et peu clair, mentionne en passant Kérya, Yârkend et d'autres localités moins reconnaissables; Galdan Dzereng vient de réduire et de mettre à mort l'un des deux bek de Gilgit; une troupe de vingt mille Soungar, quatre mille Kazak, deux mille hommes de Gilgit, est partie à la première lune contre Abd oul Kérim khân, de Ampindjan, chez qui ont été tués des émissaires musulmans du kontaicha. Sur ce point les informations ultérieures manquent; ne serait-il pas question d'Andidjân et ce Abd oul Kérim bek, qui bâtit vers cette époque la ville de Khokand? Depuis 1741 ou 1742, en effet, Tâchkend était gouverné par un personnage nommé Kousyak bi, pour le compte de Galdan Dzereng, et les Kazak de la Grande Horde qui campaient dans la région, payaient déjà auparavant la capitation au kontaicha; ceux de la Moyenne et ceux de la Petite Horde étaient en différend perpétuel avec les Soungar qui, les poursuivant et exigeant des otages, entraient sur le territoire russe, les autorités d'Orenbourg intervenaient alors pour les protéger et il s'en fallut de peu, ainsi en 1744, que la guerre n'éclatât[2]. Le second rapport émanant de Pholonai (1747, 4ᵉ lune) relate, si l'on peut identifier les personnages, le massacre du prince du Ladag, Septeng Namgyal, avec toute sa famille et fait allusion à une coalition possible des Khalkha, des Kazak, des Tourgout avec Abd oul Kérim. Quoi qu'il en soit, l'activité militaire des Soungar sur toute leur frontière occidentale apparaît grande et Pholonai en révèle au moins une partie à la cour de Péking. Pendant toute la révolte du Kin-tchhwan, qui dura plus de deux ans (1746-1749) et requit de la part du gouvernement mantchou un effort considérable[3], aucune aide ne vint du Tibet aux rebelles : le maintien de l'ordre dans le

---

[1] *Tong hwa lou*, Yong-tcheng, XXI, f. 9 v°; Khyen-long, VII, f. 46 v°; IX, f. 59 r°; XXII, f. 58 r°; XXV, f. 2 v°.

[2] Howorth, *History of the Mongols*, part II, division II. — Eugene Schuyler, *Turkistan*, appendix I.

[3] *Tong hwa lou*, Khyen-long, XXV à XXIX. — *Cheng wou ki*, livre 7.

pays contigu aux districts soulevés était encore un service important rendu par Pholonai.

A juste titre, la Cour combla d'honneurs cet allié précieux et lui décerna enfin en 1739 (12ᵉ lune) le titre de wang, prince impérial ou roi; aussi Pholonai fut-il par la suite appelé roi du Tibet. Par une faveur nouvelle, l'Empereur, se conformant à la désignation du roi, des kalon, des deba et des grands lama, accorda à l'avance la survivance du titre royal et de la charge de gouverneur général à Gyourmed Namgyal, second fils de Pholonai (1746, 1ʳᵉ lune); l'aîné, Gyourmed Septeng, qui s'était précédemment distingué à la tête des troupes contre les Soungar, fut écarté de la succession pour raison de santé : on le créa duc mantchou[1]. Pholonai survécut un an ou davantage; à la fin de 1749, Gyourmed Namgyal était à la tête du gouvernement de Lhasa. De tout temps, les Soungar avaient au Tibet des partisans avoués ou secrets; soit pour recouvrer l'indépendance du pays, soit par suite de froissements personnels, le nouveau souverain se tourna de leur côté. Il n'eut garde de se dévoiler tout d'abord et sut conserver les apparences à l'égard de l'Empereur qui mettait en lui toute sa confiance. Pendant la fin de 1749 et la plus grande partie de l'année suivante, les officiers mantchous au Tibet, Ki-chan, puis Fou-tshing et La-pou-twen, avertissent qu'on rassemble des armes, qu'on déplace des troupes, demandent qu'on rapproche de Lhasa Gyourmed Septeng pour contrebalancer l'influence du roi; l'Empereur envoie successivement deux commissaires enquêteurs, mais dans tous ses rescrits il explique et justifie les actes de Gyourmed Namgyal; celui-ci en profite pour mettre à mort son frère, qu'il accuse de rébellion et d'entente avec les Kalmouks; il règle tous les détails du complot, prépare le soulèvement de Lhasa, l'arrivée des Soungar. A la 10ᵉ lune (1750), des ordres précis sont adressés de Péking au Seu-tchhwan et, moins d'un mois après, on apprend les événe-

---

[1] *Tong hwa lou*, Yong-tcheng, XVIII, f. 22 rᵒ; Khyen-long, X, f. 65 rᵒ; XXIII, f. 60 vᵒ.

ments de Lhasa. Ainsi qu'ils l'avaient annoncé dans un rapport parvenu dans l'intervalle, les commissaires Fou-tshing et La-pou-twen ont invité le roi à un entretien dans leur yamen (10ᵉ lune, 13ᵉ jour); ils se sont jetés sur lui et sur quelques officiers qui l'accompagnaient, et les ont tués; assiégés ensuite par la foule ameutée, ils ont péri avec la plus grande partie de leur gardes, le yamen a été brûlé et quatre-vingt mille taëls ont été volés. Le 15, le talé lama a nommé comme gouverneur intérimaire le duc Pantita; il a pris sous sa protection les Chinois et les fait nourrir; plus de vingt mille taëls ont été restitués le 23, plus de la moitié des mutins sont arrêtés. L'Empereur fit, à cette nouvelle, remettre un secours important aux familles des deux commissaires impériaux qui avaient sacrifié leur vie; un temple leur fut l'année suivante consacré à Lhasa. Les troupes de renfort envoyées sans retard trouvèrent l'ordre rétabli; les représentants impériaux infligèrent des châtiments et décernèrent des récompenses. Une délibération du Conseil de l'Empereur (1751, 2ᵉ lune) fixa les règles de l'administration. Le gouverneur général fut supprimé; les quatres kalon, tenant leurs pouvoirs du talé lama, furent chargés de gouverner d'accord avec les commissaires impériaux, les droits de ces derniers restant assez vagues; la garnison mantchoue fut portée au chiffre de quinze cents hommes; des règles précises furent édictées pour assurer la nomination des fonctionnaires et pour obvier à l'exercice du pouvoir en vertu de délégations privées; les officiers civils furent choisis par les kalon et les commissaires impériaux, les khambo lama ou chefs de monastère dépendant comme par le passé du talé lama. Les exemptions d'impôts et la délivrance des passes douanières furent régularisées. Enfin tous rapports directs avec les Soungar furent interdits et des mesures strictes furent prises pour arrêter les communications indirectes par Yârkend et le Ladag [1].

[1] *Tong hwa lou*, Khyen-long, XXX, f. 67 rᵒ; XXXI, ff. 2, 6, 9; XXXII, ff. 12, 14 rᵒ, 16 rᵒ; XXXIII, ff. 16 vᵒ, 17, 18 vᵒ, 19, 20. — *Cheng wou ki*, livre 5.

# VIII

## DISSENSIONS DES SOUNGAR. — AMOURSANA.
## GUERRE D'EXTERMINATION.
## TRIOMPHE DE L'EMPEREUR KHYEN-LONG.

Une dernière fois, l'élément aristocratique au Tibet a cherché des alliés contre la Chine : l'échec de Gyourmed Namgyal a consolidé la suprématie mantchoue. Le talé lama, doté du pouvoir temporel, ne l'exerce que sous la surveillance des commissaires impériaux qui dominent facilement les kalon. Le pays pourrait être une menace pour le Seu-tchhwan et le Yun-nan : il est poussé dans cette politique de fermeture qui en fait la défense essentielle de la Chine de l'ouest. Les Soungar, auxquels la Mongolie propre est déjà fermée, perdent encore ce champ de batailles, de pélerinages et de profits : leur activité n'a plus d'issue qu'à l'ouest. Mais leurs jours sont comptés et leurs déchirements vont consommer la ruine à laquelle les Mantchous ont travaillé avec tant de persévérance. Le kon-taicha Galdan Dzereng mourut vers la 11ᵉ lune de 1745 et eut pour successeur son fils Dzewang Dordji Namgyal qui, en annonçant à l'Empereur son avènement, promit de se con-former aux engagements de 1740; l'Empereur prit acte de cette déclaration spontanée, adressa ses condoléances et auto-risa l'envoi au Tibet d'une mission extraordinaire spécialement chargée de faire dans les principaux monastères les prières qui convenaient à la condition du défunt et d'offrir aux lama le thé suivant la coutume [1]. Le nouveau souverain était fort jeune ; au lieu de régler les affaires des tribus, il se livra à la débauche et ne tint nul compte des remontrances du sarga. Le prince, ayant emprisonné son beau-frère Sain Polok, exila chez les musulmans sa sœur qu'il accusait d'aspirer au trône à l'imitation des tsarines ; il mit à mort plusieurs zaisan ; d'autres nobles le saisirent, lui crevèrent les yeux et l'enfermèrent à Aksou avec l'un de ses familiers, Dacha Dawa, fils de Dzereng Dondouk le jeune. Les conjurés choisirent pour souverain le lama Dardja, fils bâtard du dernier kontaicha (1750, en été ?) ; Dardja, combattu par une partie de la noblesse, voulut distribuer à ses partisans des familles qui formaient les oulous de Dacha Dawa et de quelques autres zaisan ennemis. Le désordre en augmenta et les nobles menacés se tournèrent vers la cour mantchoue ; ils arrivaient aux frontières avec leurs vassaux, demandaient des terres de pâture et juraient fidélité. A la 9ᵉ lune, l'Empereur fit un accueil très favorable à Salar, un zaisan de Dacha Dawa, qui reçut un titre à la Cour et pour ses sujets (environ 1.000 familles) des terres dans le pays des Tchakhar ; le souverain soungar le réclamant, Khyen-long refusa de le rendre, étendant également ment sa protection à tout homme, sujet direct ou autre, rappelant d'ailleurs l'asile accordé par tous les kontaicha aux rebelles fugitifs. Les années suivantes, les troubles s'étendant, on voit reparaître les Tourbet, les Khoit, les Khochot, groupes dominés par les Soungar depuis Baatour khongtaidji, mais restés vivaces sous leurs chefs héréditaires : quelques années de tyrannie ouvrent des fissures dans l'œuvre composite des grands kontaicha. A la fin de 1753 (11ᵉ lune), trois mille

[1] L'offrande du thé aux lama d'un monastère, selon le cérémonial consacré, est une des œuvres pies le plus fréquemment pratiquées par les fidèles du lamaïsme. Aussi est-il souvent question de ce rite dans les communications échangées à propos du Tibet entre Chinois et Soungar. L'offrande du thé est désignée par les expressions *hyen tchha*, présenter le thé, *ngao tchha* ou *tsyen tchha*, faire chauffer, faire mijoter le thé.

familles de Tourbet sous leurs taidji Dzereng, Dzereng Oubacha et Dzereng Monggou, viennent faire soumission et obtien-
nent du bétail en attendant qu'on leur désigne des terres.
D'autres nobles, au lieu d'émigrer, ont suscité un nouveau
souverain, Dzewang Dacha, fils cadet de Galdan Dzereng ; cet
enfant est tué, ses partisans Pandjour, Dawadji, petit-fils de
Dzereng Dondouk l'aîné, Amoursana, gendre de Galdan
Dzereng et taidji des Khoit qui depuis deux cents ans vivent
dans l'ombre des Soungar, ont été vaincus par le lama Dardja
(9ᵉ lune 1751), ont fui chez les Kazak de l'Irtych ; ils se ména-
gent l'appui de ces ennemis héréditaires, toujours prêts à profiter des troubles chez les Soungar ; quand une troupe envoyée
par le lama Dardja vient pour s'emparer des fugitifs, Dawadji,
descendant d'un chef respecté, seul héritier légitime des
kontaicha, se met à la tête de ces agresseurs. La petite armée
de Dawadji, Soungar et Kazak, marche sur Khouldja, s'em-
pare de Dardja qui est mis à mort ; Dawadji est proclamé
souverain (1753, avant la 5ᵉ lune). Son allié Amoursana sur
les bords de l'Ili arbore devant sa tente l'étendard royal et rend
la justice ; attaqué par Dawadji, il est battu et disparaît momentanément. Mais la guerre continue entre Dawadji et un taidji
de marque, Nou-me-khou Tsi-eul-ka-eul, petit-fils de Dzereng
Dondouk le jeune. Au milieu de ces luttes fratricides, Dawadji
ne songeait pas qu'il avait intérêt à se concilier la cour de
Péking ; précédemment Dardja avait réclamé des réfugiés,
avait prié les autorités de la frontière d'arrêter au passage
Dawadji et Amoursana, auxquels on avait prêté le dessein de se
soumettre à la Chine. A la fin de 1753, le zaisan Mahmoud,
soit sur un ordre de Dawadji devenu kontaicha, soit par zèle,
franchit les postes mantchous, à la recherche d'Amoursana et
d'autres fugitifs ; plusieurs violations de frontière furent com-
mises. L'Empereur protesta dans un décret où, reprenant les
formules si bien maniées par son aïeul Cheng-tsou (Khang-hi),
il rappelait que, maître universel, il devait sa protection à tous
les hommes. Depuis le règne de Dzewang Dordji Namgyal, il

suivait avec attention la décomposition de l'Empire Soungar, toujours informé par ses feudataires khalkha, par les généraux de Mongolie, par les réfugiés qu'il soutenait : sans doute l'heure était propice pour mater enfin ces perpétuels ennemis des Tshing, pour donner la paix aux Khalkha et à la Mongolie occidentale [1].

Des mesures provisoires furent prises sans tarder; les commandants des frontières eurent ordre de redoubler de vigilance et reçurent quelques renforts; le réfugié soungar Salar fut envoyé (1754, 2ᵉ lune) à Khobdo avec mission de saisir divers personnages dangereux et de se mettre en rapports avec ses compatriotes et avec les Ouryangkhai, dont la fidélité à l'Empire prenait alors une importance particulière. Une campagne fut décidée (5ᵉ lune) pour l'année suivante; selon les précédents, deux armées dites l'une du nord (30.000 hommes), l'autre de l'ouest (20.000 hommes) s'avanceraient contre les Soungar; tous les préparatifs se firent pendant l'année. En même temps, à force de négociations, l'Empereur obtenait (7ᵉ lune) la soumission d'Amoursana annoncée depuis la 2ᵉ lune et toujours remise. Le concours de ce descendant légitime d'une race royale était vivement souhaité par le gouvernement de Péking, oublieux sans doute de la longue vassalité des Khoit à l'égard des Tourbet et des Soungar. Amoursana, qui en 1751 était entré déjà en pourparlers avec la Cour, plus que personne connaissait son propre prix; en se faisant désirer, il obtint des avantages plus considérables qu'aucun des réfugiés et crut peut-être s'assurer le trône; le succès, du moins, montra qu'il avait entendu travailler pour lui-même. Enfin on annonça sa prochaine arrivée à l'armée de Mongolie; il amenait deux taidji, un Tourbet, Nou-me-khou, un Khochot, Paudjour; plus de quatre mille familles les suivaient. Sur ordre de l'Empereur, Salar s'avança hors du camp pour le complimenter et des

[1] *Tong hwa lou*, Khyen-long, XXII, f. 58 v°; XXIII, f. 6o; XXXII, f. 11 r°; XXXV, ff. 26 v°, 27 r°; XXXVII, f. 37 v°; XXXVIII, ff. 44 v°, 45 r°. — *Mémoires concernant les Chinois, Conquête du royaume des Éleuths.*

présents lui furent remis par un prince mantchou et par deux
gardes du corps envoyés à cette seule fin. Les guerriers khoit,
khochot et tourbet furent laissés dans les camps d'Oulyasouthai, les familles furent dotées de pâturages et établies
partie sur le Tamir et l'Orkhon, partie chez les Sounid au sud
du désert. A la 11ᵉ lune, Amoursana, reçu en audience à Je-ho,
fut traité avec distinction ; il fut nommé tshin wang, roi ou
prince impérial de première classe ; Nou-me-khou et Pandjour
furent kyun wang (prince impérial de 2ᵉ classe) ; d'autres
réfugiés eurent des titres moins élevés ; tous furent investis des
fonctions de dzasak qui, pour l'administration chinoise, confé-
raient à chacun le droit de gouverner ses sujets héréditaires ;
la plupart reçurent aussi des grades militaires en vue de la
campagne prochaine. Enfin à la 12ᵉ lune, les chefs de l'armée
furent désignés : le ministre Panti, un Mongol, comme maréchal, Amoursana comme vice-maréchal de l'armée du nord, le
vice-roi Yong-tchhang et Salar avec les mêmes fonctions dans
l'armée de l'ouest. Au printemps les troupes se mirent en
marche ; en une promenade militaire d'une centaine de jours,
elles atteignirent Khouldja (5ᵉ lune, 5ᵉ jour) ; on ne trouva
aucune résistance ; Dawadji et les siens avaient disparu ; les
zaisan, les lama envoyaient leur soumission par des messagers ;
la population vaquait à ses travaux habituels de culture et de
pâturage, Soungar et musulmans se prosternaient pour recevoir
l'armée et offraient à l'envi du vin et des moutons. A ces heureuses nouvelles, l'empereur Khyen-long fit annoncer la pacification des Soungar à l'autel du Ciel, dans les principaux lieux
de culte et aux tombeaux de ses Ancêtres. Un décret prescrivit
à Panti de rechercher les descendants survivants de Dzewang
Rabdan et de Galdan Dzereng et de faire faire par eux des
sacrifices devant les tombes de ces deux khongtaidji ; à défaut
de descendants, Panti devrait procéder lui-même à ces cérémonies suivant le rite mongol. Le pays étant pacifié, le gouvernement, en vue d'alléger pour le peuple les charges de l'occupation, rappela (début de la 6ᵉ lune) dans leurs cantonnements

une partie des troupes de campagne et fortifia le camp de Pa-
li-khwen en y établissant avec le titre de tou-thong (général
mantchou) Dzereng commandant ses Tourbet. Il ne resta près
de Khouldja que des auxiliaires mongols et soungar, plus quelques centaines de soldats réguliers, principalement mantchous
et solon, autour de Panti. Un décret annonça que les nouveaux
sujets de l'Empire, les Quatre Ouirat, seraient organisés sur
le modèle des Khalkha, vivraient sous leurs princes, seraient
inspectés de temps en temps par des commissaires envoyés de
Péking. Mais on avait besoin d'un ou deux ans pour régler la
nouvelle situation; le commandant en chef Panti resterait donc
chargé des affaires. Il aurait à veiller aux frontières des Bourout et des Kazak; une mission fut envoyée à Ablai, khân de
ces derniers, pour l'assurer des bonnes intentions de la Chine
à condition que son peuple se conduisît amicalement. Les
Ouryangkhai soumis furent placés sous le patronage et la
surveillance de Senggoun Dzab, prince Sain noyan. Panti fut
chargé d'étudier l'organisation financière existante et de faire
connaître à la Cour l'état des divers impôts dus chaque année;
on en reprendrait la perception à partir de 1756; mais remise
était faite de l'arriéré et des taxes de l'année courante, à
l'exception de ce qui était destiné à l'entretien des lama et de
ce qui revenait directement aux taidji. Panti eut ordre aussi
de désigner une dizaine de fils de zaisan et de les envoyer, avec
femmes, enfants et serviteurs, au pays des Tchakhar où l'Empereur leur réservait des charges et des titres; la Cour pensait
s'assurer ainsi des partisans et des otages[1]. A la 8e et à la
9e lune, des décrets précisèrent la constitution de la nouvelle
conquête, la formation de huit bannières dont les chefs seraient
assimilés en tout aux dzasak et autres chefs mongols; rappelant l'existence antique des Quatre Ouirat et sans s'arrêter au
vague des traditions, l'Empereur ressuscitait la vieille division

---

[1] *Tong hwa lou*, Khyen-long, XXXVIII, f. 45 r°; XXXIX, ff. 46 v°, 49 r°;
XL, ff. 5o, 51, 52, 55, 56; XLI, ff. 67 v°, 68, 69 r°, 71. — *So fang pei cheng*,
livre 4, ff. 3, 4.

en quatre sections et nommait quatre khân pris parmi les chefs
héréditaires des tribus, Galdzang Dordji khân des Tchoros,
Dzereng khân des Tourbet, Chaktour Mandji khân des Khochot,
Payar khân des Khoit. Les Khoit, les Khochot du nord, les
Tourbet n'avaient pas fait parler d'eux depuis des générations,
on les mettait en avant; on effaçait le nom des Soungar; on
donnait le pouvoir à des représentants de vieilles familles,
hommes nouveaux qui devaient tout à l'Empire[1].

Dawadji, le dernier souverain soungar, n'avait pas été
trouvé à Khouldja, s'étant enfui, pensait-on, chez les Bourout.
Son ennemi Amoursana le fit rechercher avec ténacité, le
manqua plusieurs fois. Découvert chez les musulmans
d'Aksou[2], Dawadji avec ses soixante-dix compagnons fut
livré par le hâkimbeg Khodjîs (Hwo-tsi-seu) vers le 13 de la
6ᵉ lune, remis aux Chinois et conduit à Péking ainsi que
d'autres prisonniers importants. Le 6 de la 10ᵉ lune, les captifs
furent, selon les rites, offerts aux divinités et à l'Empereur,
puis mis à la disposition de la cour des Tributaires ; peu après
(11ᵉ lune, 14ᵉ jour), un décret déclara que Dawadji avait été
calomnié par Amoursana et, le déchargeant de toute faute, le
nomma prince impérial de première classe; on lui fit don d'un
palais à Péking ; cet acte de clémence mettait dans les mains
de la Chine un prétendant éventuel au trône de Khouldja.
Mais le calcul de Khyen-long resta inutile ; le dernier héritier
des kontaicha mourut dans cette demi-captivité et fut honoré
d'un éloge funéraire de l'Empereur (1759, 7ᵉ lune, 22ᵉ jour).
Un autre captif de marque, Lobdzang Tandjin, qui depuis
trente ans avait trouvé asile près de Rabdan et de ses successeurs, s'était livré aux troupes chinoises lors de leur entrée
à Khouldja[3] ; après la cérémonie de l'offrande, il fut lui aussi

---

[1] *Tong hua lou*, Khyen-long, XLII, ff. 3 rᵒ, 4 vᵒ.

[2] Il fut livré par le bek de Thou-eul-man, c'est-à-dire Ouch Tourfân. Le bek
d'Ouch Tourfân est appelé Khodjam par D. Ch. Boulger.

[3] *Tong hua lou*, Khyen-long, XLI, ff. 68 rᵒ, 71 vᵒ, 72 vᵒ; XLII, ff. 8 rᵒ, 11 vᵒ;
L., f. 29 vᵒ. — Le fils de Dawadji paraît avoir reçu un titre et être resté à Péking
(LVIII, f. 3 vᵒ).

gracié, mais condamné à la détention dans une maison donnée par le gouvernement ; ses deux fils reçurent un grade dans la garde impériale (6e lune).

Arrivés à Khouldja, le maréchal Panti et son second, Amoursana, avaient bientôt senti leurs divergences de vues. Compétiteur de Dawadji, le prince khoit avait obtenu pour rentrer dans sa patrie l'appui de l'Empereur, sans avoir à le vivement solliciter ; ses prétentions avaient-elles été formulées nettement ? y avait-il eu des promesses de la part du gouvernement mantchou ? nul texte connu jusqu'ici ne permet de le dire ; mais l'accueil distingué de Khyen-long laissait tout supposer. Connaissant le degré de majesté où s'exaltait l'Empereur, Amoursana pouvait à bon droit se tenir non certes pour un égal, du moins pour un allié ; tels avaient été plus d'un talé lama, plus d'un khân khochot. Mais encore la bonhomie de l'empereur Khang-hi habitué à la vie des camps n'avait rien de commun avec la dignité hautaine de son petit-fils, témoin dès l'enfance de l'adoration rendue à la personne impériale. A coup sûr, Amoursana ne se regardait pas comme un sujet et, dès qu'il fut parmi les Soungar, il agit en prince indépendant plus qu'en vassal. Il ne portait pas la casaque jaune ni la plume de paon décernées par l'Empereur ; il se servait non du sceau de sa charge, mais d'un cachet soungar provenant de Dawadji, le dernier souverain. Avec un franc-parler inaccoutumé à Péking, il combattit par le canal de Panti le dessein de l'Empereur de nommer un khân des Tchoros : dès que le calme serait rétabli, il fallait, disait-il, consulter les zaisan et les laisser choisir un chef capable de lutter contre les Bourout et les Kazak ; si l'on rétablissait les Quatre Ouïrat, on faisait renaître, ajoutait-il, les luttes qu'avait supprimées l'autorité d'un kontaicha unique. En même temps (6e et 7e lunes), Amoursana suivait une ligne politique séparée, il envoyait des troupes à lui à Tharbagathai et entreprenait de réduire Yârkend et Kâchgar ; il refusait d'appeler ceux de ses hommes qui étaient à Pa-li-khwen et sur l'Irtych ; il entrait en rapports avec les Ouryangkhai sujets russes, avec ses anciens alliés les Kazak (cela fut révélé un peu plus tard et par un taidji soungar, et par d'autres Kazak gagnés par les émissaires de Panti); il les incitait à entrer en campagne. Il déconseillait à Pandjour et à d'autres taidji de se rendre à la Cour et parallèlement il tâchait d'agir sur l'Empereur par un gendre impérial qui rentrait à Péking; cet intermédiaire devait représenter la nécessité de grouper les Quatre Ouirat sous la main d'un homme qui sût les conduire, mais il n'osa pas parler et la réponse attendue ne vint pas. Cependant (6ᵉ et 7ᵉ lunes) Panti dénonçait sans relâche l'indépendance de son vice-maréchal, demandait que le djilong khoutoukhtou fût envoyé de Péking pour agir sur les lama soungar et qu'Amoursana fût appelé à la Capitale pour conférer au sujet des affaires. Le Khoit fut en effet convoqué à Je-ho pour la 9ᵉ lune. Panti reçut des instructions détaillées : veiller sur les communications d'Amoursana avec les Kazak et autres peuples voisins, empêcher au besoin ses vassaux et ses sujets de quitter le territoire soungar, persuader au prince lui-même de se rendre à l'appel impérial. Mais le maréchal, n'ayant guère que cinq cents hommes de troupes sûres, était impuissant et ne pouvait que donner des conseils. Amoursana différait toujours son départ ; enfin, ne recevant pas la nouvelle qu'il attendait, il se mit en route au milieu de la 7ᵉ lune et voyagea avec un prince khalkha secrètement chargé de le surveiller ; le 19 de la 8ᵉ lune, arrivé à peu de distance, une journée environ, des pâturages de son oulous, il persuada au Khalkha de prendre une avance d'un ou deux jours et, se dérobant, il s'enfuit vers l'Irtych avec ses hommes. Le prince khalkha s'aperçut trop tard qu'il était joué, poursuivit en vain le fugitif et dut enfin rendre compte de sa mésaventure au Grand Conseil; il fut condamné à mort. Le gendre impérial, pour n'avoir pas parlé, fut dégradé et envoyé à l'armée. Cependant Amoursana rejoignait ses fidèles, réunissait trois ou quatre mille hommes, cernait les soldats mantchous de Khouldja (23ᵉ jour); après quelques jours de résis-

tance, Panti et plusieurs autres généraux se donnèrent la mort
(29ᵉ jour) ; le prince Salar avec quelques hommes put s'échapper et rejoindre à Pa-li-khwen le général Hwo-khi ; le maréchal
Yong-tchhang, plutôt que de secourir Khouldja, se replia aussi
sur Pa-li-khwen. La nouvelle du désastre arriva à Péking deux
ou trois jours après la présentation de Dawadji et des autres
prisonniers ; de nouveaux généraux, le maréchal Dzereng,
Fou-te, Yu-pao, Taltangga furent aussitôt dépêchés vers l'ouest
et, avec Hwo-khi et Salar, reprirent la campagne (11ᵉ lune).
A la 2ᵉ lune (1756), le nouveau maréchal rentra dans le pays
d'Ili : Amoursana n'y était plus ; sur le point d'être atteint
dans cette campagne d'hiver, il avait fait lui-même avertir un
taidji du parti chinois qu'Amoursana était pris et qu'on l'amenait captif ; la nouvelle fut transmise sans vérification à Yu-
pao, par Yu-pao au maréchal Dzereng, par ce dernier à Péking
et par l'Empereur aux mânes de son père ; tous les généraux
ralentirent leurs mouvements et le prince khoit put échapper [1].

La guerre avait changé de caractère. Un an plus tôt, le
peuple, las des querelles de ses chefs, accueillait en libérateurs
les généraux chinois qui venaient rétablir l'ordre ; une partie
des zaisan et des taidji étaient favorables à Amoursana, ou
prêts du moins à reconnaître en lui un souverain de noblesse
antique, d'habileté et de courage avérés ; les partisans de
Dawadji, nombreux, se tenaient tranquilles et à l'écart,
frappés d'impuissance au moins momentanée par le renom
des soldats solon et mantchous. Mais les Chinois voulaient
rétablir l'ordre à la chinoise, en donnant de nouveaux vassaux à l'Empire ; les guerriers khoit et soungar n'étaient pas
disposés à se laisser domestiquer comme les Khalkha. La
rupture entre Amoursana et la Cour éclaira l'aristocratie et
renversa la seule combinaison d'où l'on pouvait espérer la
fin des troubles. Dans l'absence de direction et d'entente, les
intérêts privés des oulous, des tribus, les vengeances des

_______________

[1] *Tong hwa lou*, Khyen-long, XLI et XLII.

nobles de tout rang, de tout parti, le désir de piller et le besoin de se défendre devenaient les seules impulsions ; à cela s'ajoutait la haine de l'envahisseur, qui brûlait de réparer un échec et d'effacer une tache à son prestige. Aussi pendant toutes les années 1756 et 1757, pendant une partie de 1758, ce fut une lutte de tous contre tous, une anarchie générale, une mêlée de batailles entre les clans, d'alliances changeantes, de trahisons, de révoltes contre l'étranger, de dénonciations portées devant lui. Nou-me-khou, fait prince impérial, est accusé par un simple officier de préparer une sédition et appelé à Péking ; trois des khân choisis par l'Empereur sont tantôt attaqués par des zaisan, ou par des bandes de pillards, tantôt se battent entre eux ou se révoltent contre les Chinois ; ils disparaissent dans la tourmente. Seul, le khân tourbet sait maintenir l'ordre dans ses tribus, franchit les années terribles et meurt (4ᵉ lune 1758), salué par l'Empereur d'un éloge funéraire et laissant son titre à son fils. Parmi les chefs moins importants, beaucoup font défection et massacrent les Mantchous, leurs alliés de la veille ; quelques-uns au contraire se rapprochent des troupes impériales. Dans tous les pâturages, dans toutes les vallées, des bandes se lèvent tout d'un coup soit contre des compatriotes soit contre les impériaux. Les ordres de l'Empereur s'appliquent aux traîtres, aux rebelles, aux suspects ; ils sont rigoureux, décapitation sur place, envoi à Péking pour jugement sont les mots qui reviennent sans cesse ; ceux qui sont tenus pour plus coupables subissent la mort lente devant la tombe des généraux tués à l'ennemi. Femmes, enfants, vieillards sont égorgés. Un détachement mantchou à la poursuite d'Amoursana rencontre (7ᵉ lune 1756) une troupe qui émigre et veut se rendre dans l'Altaï, près des Ouryangkhaï ; ce sont sept cents familles de Télengout, cinq cents familles kyrghyz sous les ordres de Kourban khodja, cinq cents obéissant à Hwǒ-khe-tchhen ; ces gens demandent à faire soumission ; ils envoient deux chefs pour parlementer et livrent dix-huit compagnons d'Amoursana qui se trouvent parmi eux. Mais on découvre qu'ils ont précédemment attaqué une autre colonne d'impériaux, qu'ils ont volé des chevaux et des chameaux ; aussitôt les chefs sont décapités, toute la troupe assaillie à l'improviste est passée par les armes, les impériaux s'emparent de quatre cents chameaux, quatorze cents moutons, deux cents chevaux qui sont distribués aux officiers et aux hommes suivant leur conduite dans l'action. L'Empereur lance un décret pour féliciter ce détachement de ses prouesses et distribue titres et grades en récompense [1]. Ainsi l'on comprend la guerre à Péking.

Dans les tribus bouleversées, les lama mêmes, en des conditions que nous ignorons, prenaient part à la lutte ; un décret de 1757 (4e lune) déclare qu'on ne peut se fier aux lama soungar et qu'il faut tâcher de nommer khambo lama des hommes d'âge, d'expérience et qui ne soient pas compromis avec les rebelles. Le texte d'une inscription composée plus tard par l'Empereur dit que ces lama tiennent le meurtre et la vie licencieuse pour œuvres pies, « comme les yakcha et les rakcha ils mangent les hommes ». Cette haine s'explique contre des ennemis qui ont soutenu Amoursana, qui ont probablement prêché une sorte de guerre sainte, qui en ont été châtiés par le pillage de leurs troupeaux et l'incendie de leurs temples [2]. La guerre ne s'arrêtait donc pas aux portes de ces monastères enrichis des dépouilles du Tibet ; l'horreur en était encore accrue par l'invasion des nomades du nord et de l'ouest, Ouryangkhai, Télengout, Kyrghyz qui, jadis tenus en respect par les kontaicha, arrivaient maintenant comme par essaims et tâchaient d'occuper dans le bassin de l'Ili des terres plus

---

[1] *Tong hwa lou*, Khyen-long, XLIII, ff. 14 v°, 16 v°, 17 v°, 19 r° ; XLIV, ff. 29 r°, 31 r°, 35 r° ; XLV, ff. 41 v°, 42 r°, 46, 47, etc.

[2] *Tong hwa lou*, Khyen-long, XLV, f. 46 v°. — *Cheng wou ki*, liv. 5. — Cependant le respect pour le lamaïsme était tel qu'après la ruine des monastères de Khouldja, Khyen-long fit édifier à Je-ho le Ngan-yuen myao construit sur le plan des temples incendiés ; l'Empereur, dit l'auteur du *Cheng wou ki*, voulait complaire aux Soungar transportés.

riches que celles qu'ils laissaient. En 1757, après l'hiver, des épaves de ces migrations et de ces révoltes, sans chefs et sans ordre, Télengout, Kyrghyz, Ourkhandjilan (?), et même Khoit, au nombre d'une dizaine de mille, avaient pénétré chez les Khalkha; un décret (3e lune) décida qu'à l'exception des Khoit, ils seraient donnés comme esclaves aux soldats solon; tel avait été le sort des Kyrghyz de Kourban khodja [1].

Guerre d'embuscades faite par le peuple même, guerre religieuse, guerre avec les barbares affamés, les campagnes au pays soungar usaient un grand nombre de généraux. Les plus courageux, Panti, Oyonggan, Hwo-khi, périssaient en combattant; mais beaucoup, coupables ou non, étaient rappelés après un échec; les décrets impériaux les gourmandaient vivement: ces officiers, disait l'Empereur, n'assurent pas le ravitaillement de leurs soldats; loin de donner de leur personne pour repousser les envahisseurs, pour arrêter les chefs rebelles, ils chargent du rôle actif un subordonné, qui transmet la mission à un autre; si bien que de proche en proche l'autorité s'évapore, le zèle s'évanouit et l'on n'obtient aucun des résultats cherchés. A ces reproches sans cesse répétés, l'Empereur joint les châtiments: rappel des commandants en chef et des généraux, rétrogradation, dégradation, emprisonnement, peine de mort, toutes ces mesures se succèdent sans relâche pendant les années 1756 et 1757 [2]. Elles frappent indistinctement les parents de l'Empereur, les Mantchous, les Mongols, les Khalkha; dans un décret de la 1re lune de 1756, l'Empereur a hautement revendiqué le droit de récompenser et de châtier selon sa justice même les princes feudataires, puisque ceux-ci aussi sont à son service. Le mécon-

---

[1] *Tong hwa lou*, Khyen-long, XLIII, ff. 26 à 28; XLIV, f. 29 r°; XLV, f. 44 r°. Les Kyrghyz, et peut-être les Télengout, venaient de la rivière Khâtoun, une branche supérieure de l'Ob', que le général chinois Khatakha avait franchie.

[2] *Tong hwa lou*, Khyen-long, XLIII, ff. 24, 25, 30 v°, 40 et, en général, XLIII à XLVII.

tentement à ce sujet existait donc déjà ; quelques mois plus tard, l'affaire s'aggrava. Un prince des Ouryangkhai, Senggoun Dzab, prince Khothokhoit, fut moins souple que les princes khalkha ; il était petit-fils de ce Po-pei qui, venu du khanat de Dzasakthou, avait réuni les Ouryangkhai demi-sauvages et en avait fait des sujets de l'Empire ; il blâma la conduite tenue à l'égard d'Amoursana, déclara que tous les princes étaient las de la guerre, que descendants de Tchingiz ils ne pouvaient se soumettre à des châtiments comme de simples sujets. Joignant les actes aux paroles, il se retira dans ses pâturages et entraîna par son exemple les taidji qui défendaient treize postes fortifiés. Senggoun Dzab (un homonyme), prince Sain noyan, reçut le titre de maréchal et fut chargé de le réduire ; pour limiter la sédition, il fallut recourir à l'autorité religieuse, le tchang-kya khoutoukhtou, du Yong-hwo kong à Péking, se rendit sur l'Orkhon pour conférer avec le tcheptsoun dampa khoutoukhtou et avec les khân et taidji khalkha ; le prince Khothokhoit fut capturé et exécuté à la 10ᵉ lune ; plusieurs princes vassaux, particulièrement le fils du Thouchethou khân, furent châtiés pour avoir manqué à répondre à l'appel impérial [1]. Cette révolte, pendant six mois, s'étendait jusqu'au cœur de la Mongolie propre, à l'heure où la Soungarie était en feu, où les barbares s'y précipitaient, où les Kazak étaient douteux, où les vieux postes chinois Oulyasouthai, Pa-li-khwen étaient menacés. Au temps même de la lutte entre Galdan et Khang-hi, l'Empire n'avait pas paru si ébranlé. L'Empereur, du fond de ses palais à Péking ou à Je-ho, prétendait tout diriger dans le détail ; presque chaque jour partaient pour l'ouest de copieuses instructions, souvent préparées en Conseil et qui discutaient des marches de troupes ou des passages de rivières jusque dans la vallée de l'Ob' ; mais il ne semble pas que jamais Khyen-long ait songé à imiter son aïeul et à prendre la tête de ses soldats.

---

[1] *Tong hwa lou*, Khyen-long, XLIII, ff. 14 v°, 28 v° ; XLIV, ff. 30 v°, 31 r°, 33 r°, 35 r°, 39 v°.

Malgré les dépenses, malgré les pertes des Mantchous et des Mongols, contre l'avis, dit-on, de ses conseillers, il voulait vaincre, comprenant qu'un demi-succès serait un recul et un affront pour l'Empire Mantchou ; souvent dans les décrets de ces deux années, la rigueur des ordres, l'âpreté du ton, bien éloignées des instructions fermes, sévères, mais généreuses de l'empereur Khang-hi, laissent percer la haine, voire la vanité blessée du souverain universel dont la diplomatie et les armées sont bafouées par des chefs barbares.

Les affaires de l'Empire furent rétablies par Tchao-hwei, un Mantchou qui s'était distingué au Tibet et qui tenait d'abord un rang secondaire parmi les chefs de l'armée d'Ili. A l'hiver de 1756, il commandait une division qui opérait au sud-ouest de Khouldja et était en relations avec les musulmans d'Ouch Tourfân ; revenant vers l'est à partir de la 11ᵉ lune, il ramassa les débris de l'armée de Hwo-khi qui venait de succomber ; à travers la neige, combattant chaque jour, vainqueur à Talki (est de Khouldja), à Olei, il gagna enfin, le 5 de la 1ʳᵉ lune, Ouroumtchi où il fut aussitôt entouré par l'ennemi ; le 30, il fut dégagé par des renforts venant de Pa-li-khwen ; mais avant d'aller se refaire dans ce centre des forces impériales, il sut écraser tous les ennemis qui l'avaient tenu assiégé. Dans sa campagne entreprise dès le printemps, Tchao-hwei mena ses troupes jusqu'à la rivière Emil et commença la vraie pacification du pays [1]. Après une lutte aussi sauvage, la Soungarie était dans un état lamentable ; dans ce pays de nomades, les seules constructions, les temples, avaient « de leur incendie éclairé le ciel » ; les bestiaux, principale richesse, avaient péri, le grain manquait. Dès l'été de 1756, un envoyé impérial portait aux taidji et zaisan un édit recommandant de protéger les troupeaux et les laboureurs ; pour faire face à la misère présente, ordre était donné aux autorités du Kan-sou et aux généraux d'acheminer par Pa-li-khwen jusqu'en Ili des bœufs, des

---

[1] *Tong hwa lou*, Khyen-long, XLV, f. 42 rº ; XLVI, f. 55 vº. — *So fang pei cheng*, liv. 4.

moutons, des grains, du thé. Un an de plus de combats et de souffrances n'avait pu qu'empirer la situation ; une grande partie de la population avait succombé ; une part des survivants, tous les suspects, durent être transportés vers Pa-li-khwen ou vers Sou-tcheou, plus ou moins loin, suivant la sincérité probable de leur soumission. Avant la guerre, l'émigration avait commencé de vider le pays ; depuis les hostilités, l'exode continuait ; en 1756 (10ᵉ lune), des Ouryangkhai cherchèrent refuge sur le territoire russe ; un an et demi plus tard (3ᵉ lune 1758), un prince tourgout, Dzereng ou Sereng, avec dix mille sujets, passait la frontière, mettant en défaut les détachements chinois cependant avertis, et conduisait ses sujets près des Tourgout de Russie. La Soungarie soumise était presque un désert ; aussi dans les années suivantes, y vit-on refluer, du consentement de Péking, des Ouryangkhai, des Télengout, des Kazak ; seuls des anciens habitants, les Tourbet étaient encore assez nombreux. Des musulmans y furent amenés de la Petite Boukharie et, cultivant principalement le millet (taran), furent appelés Tarantchi [1] ; les six mille familles de l'émigration, accrues ensuite jusqu'au nombre d'environ huit mille, étaient gouvernées par leurs propres chefs et fournissaient outre l'impôt diverses prestations et corvées pour la guerre et les travaux publics. Des Tchakhar, et surtout des soldats de plusieurs tribus mantchoues, Solon et autres, même des Olout [2], représentèrent comme colons la puissance souveraine ; ils reçurent des terres sur la rive droite de l'Ili et touchèrent de plus une solde ; répartis en une quinzaine de bannières, tous les hommes valides comptaient dans l'armée active. Des musulmans du Cheàn-si et du Kan-sou vinrent en abondance, d'abord comme soldats, et restèrent, s'occupant principalement de commerce : on les désigna sous le nom de Toungan, tandis qu'on appela Tchampan les criminels transportés en grand nombre

[1] Une partie fut installée au sud de Khouldja, sur la route de Mouzart (*Tong hwa lou*, Khyen-long, LI, f. 38 r°; LII, f. 42 v°).

[2] Décret de 1763, 6ᵉ lune (*Tong hwa lou*, Khyen-long, LVII, f. 64 v°).

et qui, après une période de travaux publics, étaient laissés
libres de gagner leur vie[1]. Ces diverses populations, arrivées
peu à peu, s'augmentèrent encore par l'immigration des Tourgout (1771) et vécurent côte à côte, sans se mêler, les unes de
la vie pastorale, les autres exerçant les mêmes métiers ou pro-
fessions qu'en Chine ; l'aspect du pays fut donc changé et
quelques villes s'élevèrent, Khouldja ou Ili, Khorgos, Soui-
doun, etc. L'autorité fut exercée au nom de l'Empereur par
un maréchal mantchou résidant à Ili[2] et ayant sous ses ordres
les commissaires ou résidents mantchous de Tchougoutchak
(Tharbagathai), Ouroumtchi, Tourfàn et du Sin-kyang ; Oulyasouthai et Khobdo formèrent une autre division sous un maréchal. Ouroumtchi, Khobdo, Khouldja (Ili), Kâchgar furent
fortifiés, rebàtis, reçurent des noms purement chinois (1762
à 1765) et furent gardés par les garnisons retirées des anciennes
places de la frontière, telles que Lyang-tcheou et Tchwang-lang
(décrets de 1762 à 1771). La prise de possession mantchoue
fut complétée (9e lune 1759, 8e lune 1766) par la construction
de chapelles dédiées aux divinités agricoles de la Chine et par
la fondation de sacrifices réguliers en l'honneur des principales
rivières et montagnes[3].

Les Soungar, si longtemps maîtres et caravaniers des routes
de l'Asie centrale, étaient anéantis ; leur empire était chose du
passé, après avoir fait trembler la plupart de ses voisins, avoir
inquiété même les Mantchous et les Russes. Ceux-ci, parfois
en lutte et si souvent en accord avec les kontaicha, protégèrent
les derniers jours du dernier chef soungar. Depuis la rentrée

---

[1] La déportation à Pa-li-khwen et dans les territoires de l'ouest semble
avoir été établie par un décret de 1759, 10e lune (*Tong hwa lou*, Khyen-long,
L, f. 32 v°).

[2] Ming-jwei occupa le premier ce poste, 10e lune 1762 (*Tong hwa lou*,
Khyen-long, LVI, f. 57 r°).

[3] *Tong hwa lou*, Khyen-long, XLIII, ff. 21 v°, 25 r°; XLIV, f. 34 v°;
XLVI, f. 59 v°; XLVII, f. 5 v°; L, f. 30 v°; LI, f. 40 v°; LVI, ff. 56, 57, 58,
59; LVIII, f. 2 v°; LXI, f. 15 r°; LXIV, f. 33 r°; LXXIV, f. 59 v°. — Eug.
Schuyler, *Turkistan*, tome II, pp. 168 et sqq. — Dr W. Radloff, *das Ili-thal
in Hoch-Asien und seine Bewohner (Petermann's Mittheilungen*, 1866).

des impériaux à Khouldja, la prise d'Amoursana fut l'un des principaux objets cherchés par la politique et la haine de Khyen-long; la mobilité du prince khoit, ses attaques foudroyantes, ses retraites imprévues appelèrent sur bien des généraux la colère impériale. C'est sous Tchao-hwei commandant en chef qu'Amoursana fut non pas capturé, mais définitivement repoussé en Sibérie avec les huit hommes qui lui restaient (1757, 6ᵉ lune, 19ᵉ jour). Depuis deux ans, tantôt il attaquait les Chinois, tantôt il se réfugiait chez les Kazak, dont le khân Ablai, sans rompre avec un puissant voisin, sut plus d'une fois amuser les généraux mantchous. Le 18 de la 6ᵉ lune, le chef d'un détachement chinois, qui venait de conférer avec Ablai khân et avec son frère Aboul bis, avait une entrevue avec le capitaine russe du poste frontière, et cet officier déclarait qu'Amoursana n'était pas en Sibérie. Le 19, dirent les Kazak, Amoursana sollicitait inopinément une audience du khân et, sans avoir vu celui-ci, volait quelques chevaux et passait la frontière. Ce scénario fut sans doute convenu entre les deux vieux alliés. Amoursana fut réclamé aux autorités russes et, tandis que celles-ci parlementaient, écrivaient au Sénat, tandis que les Mantchous insistaient et rappelaient, non sans apparence de raison, les traités de 1727, le bruit fut répandu qu'il s'était noyé en passant une rivière ; pendant ce temps il était, dit-on, interné à Tobol'sk dans une maison de campagne de l'archevêque. A la 1ʳᵉ lune de l'année suivante (1758), les autorités chinoises furent avisées qu'Amoursana était mort de la petite vérole et que son corps serait porté à Kyakhta pour y être reconnu par les délégués impériaux ; en vain la Cour insista pour que le cadavre fût envoyé à Péking ; les Russes se firent un point d'honneur de refuser, si bien que l'audacieux et adroit prince khoit jusqu'après sa mort échappa à la colère impériale. Faute du cadavre, les cérémonies d'offrande et d'annonce aux Ancêtres ne purent être accomplis[1].

---

[1] *Tong hwa lou*, Khyen-long, XLIII, ff. 16 v°, 20, 21 r°, 25 r°, 26 v°, 27 r°;

# IX

## EXPÉDITION MANTCHOUE EN PETITE BOUKHARIE.
## ORGANISATION DU PROTECTORAT.

Les Soungar une fois soumis, leur grande possession du sud tomba aussi aux mains des Mantchous. Depuis 1720 ou même auparavant, Ahmed khodja [1], le chef Aktâgklyk, était prisonnier en Soungarie ; après lui, ses fils furent retenus dans leur exil, à quelque distance de Khouldja. Son rival, le Karatâgklyk Danyal khodja, régnait à Yârkend, surveillé de près par les agents des kontaicha ; quand Danyal mourut, Galdan Dzereng partagea la Petite Boukharie entre les quatre fils et établit Djagan à Yârkend, Yousouf à Kâchgar, Ayoub à Aksou, Abd oullah à Khotan [2]. Yousouf, fils d'une Kalmouke de race noble, était un ardent musulman ; il profita des querelles des Soungar et tenta de délivrer le Turkestan du joug infidèle (1753 ou 1754) ; il appela aux armes le peuple de Kâchgar, convertit par force trois cents marchands kalmouks, demanda du secours à Boukhâra, Andidjân et Khokand. Dawadji, averti par plusieurs hâkimbeg, avait tenté de faire enlever de Yârkend le khodja Djagan ; mais le coup de main ne réussit

XLIV, f. 32 r° ; XLV, ff. 48 r°, 53 r° ; XLVI, ff. 56 r°, 57 v°, 63 ; XLVII, ff. 1 r°, 5 r° ; L, f. 31 v°. — L'Abbé Chappe d'Auteroche, *Voyage en Sibérie fait par ordre du Roi en 1761, contenant les Mœurs, les Usages des Russes...* 3 vol. in-4 et 1 atlas, Paris 1768 (tome I, pp. 293-296).

[1] Mahmoud, d'après les renseignements chinois.

[2] En 1765, lors de la révolte d'Ouch Tourfân, on y trouve comme hâkimbeg Abd oullah, frère de Yousouf *(Tong hwa lou,* Khyen-long, LXI, f. 15 r°).

pas, le fils de Djagan ayant réuni rapidement un corps de Khotanais et de Bourout. En 1755, Amoursana n'était pas en mesure d'envoyer des troupes dans le midi; d'accord avec le maréchal Panti, il convoqua à Khouldja deux des fils de Ahmed khodja. L'un fut gardé sous prétexte de diriger les musulmans d'Ili; l'autre, Bourhân ouddîn fut mis à la tête de cinq mille musulmans provenant d'Aksou, Koutcha, Tourfân, de mille Soungar, de quatre cents Chinois; avec cette petite armée, il s'avança d'Aksou sur Ouch Tourfân où il fut bien accueilli; les Karatâghlyk vinrent de Yârkend l'assiéger et proposèrent d'abord un partage du pays; l'arrangement fut rendu impossible par les impériaux, conseillers de Bourhân ouddîn; abandonnés par un corps d'Aktâghlyk d'abord leurs alliés, par les Bourout, par la plupart des bek, les Karatâghlyk se retirèrent à Kâchgar, puis à Yârkend. Après quelque défense, les deux villes furent prises et soumises de nouveau à l'influence des étrangers. Plus d'un siècle de dissensions entre les partis et entre les villes avait, en effet, laissé dans le pays des divisions profondes que ne rachetaient ni le courage chancelant d'une population amollie ni la foi musulmane assez tiède : la stricte observance religieuse imposée par Yousouf lui avait aliéné la majorité du peuple. Cependant, après la rupture avec Amoursana et pendant que la guerre désolait la Soungarie, le frère de Bourhân ouddîn, Khodjo Djân, avec l'agrément des Mantchous, était rentré dans sa patrie (5e lune 1756); son attitude envers l'Empire avait d'abord été correcte, il avait renvoyé avec une escorte une mission chinoise que depuis l'année précédente l'état troublé du pays empêchait de rejoindre Tchao-hwei, il avait d'autre part arrêté et mis à mort des envoyés d'Amoursana. Mais il changea bientôt; une nouvelle mission, partie à la 10e lune pour régler le tribut des villes et la condition des deux khodja, Bourhân ouddîn et Khodjo Djân, éprouva de nombreuses difficultés; finalement son chef A-min-tao et une centaine de soldats solon, ayant eu l'imprudence de se séparer d'un corps plus important de

Soungar, furent massacrés vers la fin du printemps suivant (1757). Le châtiment ne vint pas immédiatement. A l'automne (9ᵉ lune), la Soungarie étant à peu près pacifiée, le maréchal Tchao-hwei fut appelé pour conférer avec l'Empereur; il fut décidé (12ᵉ lune) que la prochaine campagne serait dirigée contre les deux khodja rebelles et que tout d'abord amnistie serait offerte à Bourhân ouddîn, à condition qu'il livrât son frère, principal coupable. En même temps Tchao-hwei fut nommé commandant en chef et Septeng Dzab lui fut attaché comme second; on lui associa comme conseiller Emîn khodja, de Tourfân, qui connaissait les musulmans de Kachgarie et qui avait déjà rendu des services à l'Empire. Le mois suivant (1758, 1ʳᵉ lune), les derniers ordres furent donnés pour l'expédition et un manifeste fut lancé pour séparer nettement la cause des deux khodja de celle du peuple; des récompenses furent promises aux partisans de la Chine, et spécialement au bek d'Ouch Tourfân, Khodjîs, qui avait naguère livré Dawadji. Battu plusieurs fois aux environs de Koutcha (5ᵉ et 6ᵉ lunes), Khodjo Djân défendit d'abord la ville, puis s'enfuit pendant la nuit; Aksou et Ouch lui ayant fermé leurs portes, il se réfugia à Yârkend. Les impériaux, presque sans combat, prirent possession de Koutcha, Sairam, Châhyâr, Aksou; cependant Tchao-hwei était venu en personne se mettre à la tête des troupes, et c'est à lui que la ville de Khotan fut ouverte (8ᵉ lune) par le bek Khodjîs. Ce personnage, d'une famille très respectée d'Ouch Tourfân, proposa un plan d'attaque contre Yârkend, ville qui manque d'eau à l'intérieur des murs; il reçut le titre de duc et diverses marques d'honneur. Khodjo Djân avait mis Yârkend en état de défense; à ses quatre mille cavaliers et six mille fantassins, s'étaient joints trois mille cavaliers amenés de Kâchgar par Bourhân ouddîn. La ville, attaquée le 6 de la 10ᵉ lune, fut vigoureusement défendue, surtout par les auxiliaires olout et bourout; les impériaux furent vainqueurs dans plusieurs combats, mais, trop peu nombreux, purent seulement s'établir dans un camp

à proximité, où le maréchal reçut la soumission des chefs de
Karakâch, Youroungkâch, Tâk, Tchira, Kérya. Bientôt les
deux khodja, avec quinze mille hommes, reprenant l'avantage, tinrent pendant un mois l'armée mantchoue assiégée
(12e lune); au début de l'année 1759, une attaque des Bourout
sur Yangichahr [1], une vigoureuse sortie de Tchao-hwei,
l'arrivée de renforts commandés par Fou-te et A-li-khwen et
venant d'Aksou et de Pa-li-khwen, délivrèrent le camp; Fou-te
avait dû combattre cinq jours de suite, les pertes des ennemis
étaient importantes; Bourhân ouddîn blessé regagna Kâchgar.
Mais presque toute la région du sud était perdue et il fallut
plusieurs mois pour réorganiser l'armée. Quand tout fut prêt,
Tchao-hwei, quittant de nouveau Aksou, se dirigea par Ouch
sur Kâchgar; Fou-te marcha sur Khotan et Yârkend. Khotan
secouru et délivré des rebelles (la nouvelle parvint à Péking au
début de la 6e lune), les bek de Yârkend ne tardèrent pas à
rendre leur ville, que Khodjo Djân avait quittée (4e lune)
emmenant ses partisans, ses troupeaux et ses soldats dans la
montagne à l'ouest. Le 3 de la 6e lune intercalaire, Ming-jwei,
placé sous les ordres de Tchao-hwei, se trouvait à peu de distance de Kâchgar; six notables de la ville, dont un akhoun [2],
se présentèrent au camp, demandant au nom des habitants la
protection des impériaux contre les khodja et contre les pillards
bourout : Bourhân ouddîn, dirent-ils, avait expulsé une partie
des habitants, s'était emparé de tout leur bétail et s'était réfugié
dans la montagne avec environ cent cinquante familles de ses
partisans et un millier de soldats; le hâkimbeg et plusieurs
chefs ayant été emmenés, le désordre régnait dans la ville et
autour de la ville, dont une partie avait été incendiée. A Yangi
Hisâr, le chef Kémâl khodja appela aussi les Chinois; partout
la population était lasse et de la guerre et des deux khodja, elle
accueillait les impériaux en leur offrant du vin et du bétail [3].

---

[1] Plus probablement Yangi Hisâr; la transcription chinoise est douteuse.
[2] Desservant d'une mosquée.
[3] *Tong hwa lou*, Khyen-long, XLIII, f. 24 r°; XLIV, ff. 32 r°, 33 r°, 34, 35;

Depuis plusieurs mois, les deux khodja préparaient leur fuite ; ils voulaient avec leurs fidèles émigrer en pays musulman, en ne laissant que des ruines derrière eux ; ils avaient donc écrit à Khokand et au Badakhchân[1] ; n'ayant de réponse que de Soultân-châh, khân de ce pays, ils se dirigeaient de ce côté. Le gouvernement de Péking, prévoyant cet exode, aurait voulu s'y opposer pour terminer plus tôt la guerre ; il avait écrit aux chefs de toutes les tribus et villes de l'ouest, leur enjoignant d'arrêter et de livrer les khodja ennemis, mais il n'avait pas sur place assez de troupes pour garder tous les passages. Suivant les instructions données, Fou-te et Ming-jwei poursuivirent les fugitifs qui étaient au total trente ou quarante mille[2] ; le bek Khodjîs et A-li-khwen faisaient partie de la colonne d'expédition ; Tchao-hwei restait à Kâchgar et Yârkend pour organiser la nouvelle conquête. Atteints plusieurs fois, les musulmans fugitifs furent écrasés dans un combat (1759, 7e lune) sur les bords du Yéchil koul[3], à la limite même du Badakhchân ; plus de douze mille, disent les Chinois, se rendirent, beaucoup de bétail fut pris. Pendant la nuit, les deux khodja et leur suite, environ quatre cents hommes, purent gagner le Choughnân, dépendant du Badakhchân ; le bek du

XLV, f. 5o r° ; XLVI, ff. 63, 64, 65, 68 ; XLVII, ff. 1, 2, 3 ; XLVIII, XLIX, dans ces deux sections, un très grand nombre d'articles. — C. Imbault-Huart, *Récit de la conquête du Turkestan.* — Pour l'attitude de Khodjo Djân en 1755-56, voir XLIV, f. 33 r°.

[1] Sur ce pays, voir *Histoire de l'Asie centrale*, pp. 285, 286. Le roi du Badakhchân était un séyîd.

[2] Ces chiffres sont probablement fort exagérés ; dans les divers combats livrés aux fugitifs, il est question plusieurs fois de la reddition de dix mille, de douze mille personnes : comment une pareille troupe, avec du bétail en quantité suffisante, pouvait-elle subsister plusieurs semaines dans la montagne entre Kâchgar et Féizabâd ? la vallée du Badakhchân aurait été submergée sous cette invasion. Un rapport présenté à la 7e lune *(Tong hwa lou*, Khyen-long, L, f. 28 r°) dit qu'après leur réunion, au début de l'exode, Bourhân ouddîn et Khodjo Djân avaient avec eux quatre mille personnes ; Ming-jwei, qui les poursuivait, commandait deux mille hommes ; en arrivant au Badakhchân, il restait aux khodja de trois à quatre cents personnes (rapport présenté au début de la 9e lune ; *id.*, L, f. 3o r°).

[3] Ou Siri koul, proche du Bouloun koul.

pays étant alors près du khân Soultân-châh, ils se mirent à piller les habitants en annonçant qu'ils allaient poursuivre leur route ; ils furent attaqués par le khân ; Khodjo Djân fut tué d'un coup de fusil, Bourhân ouddîn, blessé, fut pris et emprisonné. Soultân-châh était assez embarrassé de sa capture ; il était dangereux de refuser les khodja aux Mantchous qui les réclamaient avec des menaces et des présents ; il lui semblait difficile de livrer des descendants du prophète ; il lui déplaisait autant de les laisser au bek de Koundouz [1], qui avait réuni des troupes dans le dessein déclaré de mettre la main sur les saints personnages. Soultân-châh, triomphant de ses scrupules reli-

[1] Le rapport de Fou-le *(Tong hwa lou*, Khyen-long, L, f. 32 v°, 10ᵉ lune), annonçant à l'Empereur la soumission du Badakhchân et la remise au général mantchou de la tête de Khodjo Djân, indique que celui-ci se préparait secrètement à attaquer le pays, d'accord « avec Hwen-tou-seu et autres tribus ». Tout invite à traduire *Hwen-tou-seu* par Koundouz ; voir spécialement une tradition concordante et d'origine toute différente, *Recueil de documents sur l'Asie centrale*, p 196, note. Dans sa traduction *(id.*, p. 197) du *Si yu thou tchi*, Imbault-Huart écrit : « les troupes de l'Indoustan s'approchèrent du Badak' chan dans le dessein de ravir Boronidou et K'odzidchan ; elles étaient sur le point de traverser le royaume de Tarbas, ennemi du Badak' chan. » Il s'agit là du même fait rappelé plus haut d'après le *Tong hwa lou*. Le Tarbas n'est autre que le Darwas ou Dervaz (Ch. Schefer, *Histoire de l'Asie centrale*, p. 232, note 3) situé au nord du Badakhchân ; mais comment Koundouz peut-il être remplacé par l'Indoustan ? ou même par « une partie de ce pays, comprenant le Pendjab, le Kaffiristan, le Kohistan, etc. » *(Recueil de documents*, p. 212, note 2)? Le *Si yu thou tchi* emploie le terme *Hen-tou-seu-than*, qui peut également se lire *In-tou-seu-than* ou *Ken-tou-seu-than ;* cette dernière forme répondrait à un mot Kendoustân ou Koundoustân, que l'on pourrait tirer de Koundouz. On peut croire que, dans l'esprit des Chinois, une confusion au moins partielle s'est produite entre l'Hindoustan et le pays peu connu de Koundouz ; toutefois le *Si yu thou tchi* identifie cette région au Ki-pin, état frontière de l'Inde septentrionale et dont la localisation a varié selon les époques. Le *Tong hwa lou* dit Koundouz au moment où les troupes impériales sont dans le pays ; auparavant (XLVIII, ff. 14 r°, 16 v° ; XLIX, f. 26 v°) les rapports emploient un langage moins exact, écrivant Kendoustân ; mais toujours ce nom est rapproché de désignations locales et ethniques très précises, telles que Bourout, Badakhchân, Balti, et aussi Khokand, Andidjân, Namangân, etc. L'Hindoustan, tel que nous l'entendons, n'a rien à faire ici. Dans quelques-unes de ces énumérations (XLVIII, f. 16 v° ; XLIX, ff. 25 v°, 26 v°), on trouve aussi un autre mot, *Kha-la-thou-po-the*, écrit une fois *Thou-me-the ;* cette région, d'après la direction des énumérations, pourrait être située vers le sud-est des Balti. Serait-ce le Ladag ? mais d'habitude il n'est pas appelé Kara Tibet.

gieux, se décida à faire tuer le survivant des deux frères et il offrit au général Fou-te à la fois la soumission du Badakhchân et du Bolor et la tête de Khodjo Djân (rapport de 1759, 10ᵉ lune) ; le cadavre de Bourhân ouddîn avait disparu. Ce n'est qu'en 1763 (3ᵉ lune) que les restes du khodja, qui avaient été secrètement enterrés, furent apportés à Péking par Mirzâ Tâleb, envoyé du Badakhchân, et par un officier du gouverneur de Yârkend ; Soultân-châh livra en même temps des femmes et enfants de Bourhân ouddîn [1]. L'Empereur n'avait pas attendu jusque-là pour annoncer la victoire au Ciel et aux Ancêtres ; la cérémonie avait été célébrée dès la 10ᵉ lune de 1759 ; à la 1ʳᵉ lune de l'année suivante, les prisonniers et la tête de Khodjo Djân furent offerts selon les rites ; à la fin de la 2ᵉ lune, Khyen-long sortit de Péking et s'avança jusqu'à cinquante li pour recevoir l'armée victorieuse, il mit pied à terre pour accueillir Tchao-hwei, présida au sacrifice du retour et offrit lui-même le thé au maréchal. Des distinctions honorifiques, titres nobiliaires, brides de pourpre, ceintures jaunes, portraits mis au Tseu-kwang ko, témoignèrent de la satisfaction du souverain ; les musulmans qui avaient rendu le plus de services, Emîn khodja et Khodjîs bek furent créés princes impériaux [2].

Avant ce retour triomphal, Tchao-hwei avait organisé la « Nouvelle marche » (Sin-kyang) : pas d'administration directe, le gouvernement central représenté par les gouverneur, commandants, agents, tous Mantchous ou Mongols, qui commandent la garnison et dépendent du maréchal d'Ili. Sous la surveillance de ces résidents et pour toutes les affaires locales, les autorités indigènes, des hâkimbeg ou gouverneurs

---

[1] En 1760, 5ᵉ lune, trois fils de ce khodja vivaient au Badakhchân : Khodjo Hachim, Abdou Khâliq, Khodjo Bâhâ ouddîn (*Tong hwa lou*, Khyen-long, LIII, f. 47 r°). En 1768 (*id.*, LXVIII, f. 67 v°), Sa-mou-sa-khe, fils de Bourhân ouddîn, existait encore, mais non au Badakhchân Le *Cheng wou ki* donne les noms de deux fils, Abdoul et Samok ; l'un des deux eut pour fils Yehângir et pour petit-fils Bourzouk. Les auteurs musulmans nomment Sarimsak.

[2] *Tong hwa lou*, Khyen-long, L, ff. 28 r°, 29 v°, 30, 31 v°, 32, 33 r°, 34 r° ; LI, ff. 36 v , 38 r° ; LVII, f. 60 v°.

aux mirâb qui règlent les irrigations, étaient maintenues ; elles
étaient dotées de rangs dans la hiérarchie chinoise et recevaient
un traitement fixe remplaçant les anciens bénéfices de nature
féodale ; l'hérédité des charges était abolie. Les titulaires
étaient pris dans les familles considérées et nommés, non pas
dans leur ville d'origine, les uns par décret impérial, les moins
importants directement par les résidents. On choisit des
hommes de valeur, ainsi pour Kâchgar Mousa khodja, fils
d'Emîn khodja (1759, 7e lune) ; on en choisit ou garda d'autres,
par exemple Abd oullah khodja, frère de Yousouf, qui était
hâkimbeg à Ouch en 1765 et ne regardait pas à maltraiter et
piller ses compatriotes. Le Conseil impérial tint aussi à écarter
certaines familles dont on craignait l'ambition ; Khodjîs bek,
son fils Mozaffer, toute sa famille, accusés depuis longtemps
de viser à la succession des deux khodja, furent appelés et
retenus à Péking. Les résidents chinois surent miner l'influence du clergé, en libérant de la plupart des redevances le
peuple de laboureurs et de bergers qui exploitait pour les
mosquées et établissements religieux les biens inaliénables
(aoukâf) ; devenus de métayers quasi-propriétaires, les petites
gens sont liés au régime mantchou. La confiscation [1] pro-
noncée contre les opposants irréductibles, contre ceux surtout
qui s'étaient compromis dans les guerres, contribua à ruiner
l'aristocratie religieuse et laïque. Mais rien n'était changé
ouvertement aux coutumes. Le gouvernement maintenait les
gardiens musulmans près des tombes des anciens khodja
(7e lune 1760), il défendait contre les akhoun les droits des
hâkimbeg et autres officiers (même lune) ; les kâzi continuaient
de rendre la justice civile, mais ils étaient nommés par les
Chinois et leurs sentences étaient privées de sanction, sauf
recours au bek plus ou moins prêt à intervenir ; d'ailleurs,

---

[1] La confiscation des biens des révoltés fut assez importante à Kâchgar ;
Bourhân ouddîn y possédait vingt vergers ou vignes, dont la valeur servit en
partie à récompenser les soldats et officiers impériaux (*Tong hwa lou*, Khyen-
long, L, f. 29 r°).

l'appel aux magistrats chinois était toujours ouvert et les faits graves, meurtres, vols importants, étaient régulièrement évoqués à leur tribunal. Ce mélange bien dosé de changement et de fidélité à la tradition n'était pas de nature à inquiéter le peuple habitué à la tyrannie, à l'avidité des taidji soungar, des bek, des molla [1].

Le gouvernement favorisa l'agriculture et le commerce par de grands travaux d'irrigation (décret de 1763, 5e lune) et par l'amélioration des routes ; la surface cultivable augmenta partout, les rapports devinrent plus fréquents avec la Chine et avec Lhasa sans diminuer avec les voisins de l'ouest ; Kâchgar et Khotan avec leurs diverses industries, Aksou avec ses mines prirent un développement inouï. Tchao-hwei et Chou-he-te dans des rapports de 1759 (présentés 7e, 8e, 9e 12e lunes) avaient étudié en détail la situation financière. Kâchgar, pour dix-sept villes et villages, comptait plus de cent mille habitants, Yârkend à peu près autant pour vingt-sept villes et villages ; Khotan n'avait que six villes et quarante mille bouches. Yârkend avait beaucoup souffert de la guerre et de la tyrannie de Khodjo Djàn ; il y avait lieu, d'après Tchao-hwei, d'attendre deux ans avant d'établir le régime des impôts ; au temps de Galdan Dzereng, le district payait cent mille tenga plus des droits sur les métaux, soieries, bétail, etc. Pour Khotan, Chou-he-te proposait douze mille tenga d'impôts divers, la dîme des récoltes, le monopole du jade, soixante onces d'or à payer par les trois cents familles de mineurs, un impôt sur le commerce [2]. Sous le kontaicha Galdan Dzereng, Kâchgar payait soixante-sept mille tenga d'impôt foncier et fournissait quarante-huit mille patma de grain, quatorze cents tchairek de coton, trois cent soixante-cinq tchairek de safran, valant ensemble vingt et un mille tenga ; les marchands et pasteurs versaient en nature la valeur de vingt mille tenga, d'autres

[1] *Tong hwn lou*, Khyen-long, XLIX, f. 25 v°; L, ff. 28, 29 r°, 31 r°, 34 ; LI, f. 41 ; LXI, f. 15 r°.

[2] Sur les dix *po-te-eul-ko* : ce mot signifierait-il boutique ou bazar?

corps de contribuables, vingt-six mille tenga; à cela il faut ajouter les droits sur les métaux, sur les fruits, la dîme sur le commerce avec les musulmans à la frontière et le vingtième sur les marchands étrangers établis dans le pays. Mais aussi bien à Kâchgar que dans les autres districts des Alty chahar, jamais l'impôt n'était totalement exigé. Le maréchal proposa de réduire l'impôt foncier à six mille patma de grain et quatre mille tenga en numéraire; les droits de douane et de commerce, le coton, le safran seraient réclamés comme auparavant, quelques produits en nature, surtout des raisins secs, seraient envoyés à l'Intendance de la Cour, tous les autres versements seraient abolis. La monnaie de cuivre, portant à l'avers le nom du kontaicha en soungar, au revers une formule arabe, devrait être remplacée par des sapèques, de poids et de modèle chinois et ayant cours en Chine. L'Empereur semble avoir sanctionné ces propositions. La modération des charges fiscales contribua à enrichir et pacifier la nouvelle province; le régime souple qui y était institué, sorte de protectorat, se serait difficilement accordé avec la forte hiérarchie sociale des Soungar, il en eût été disloqué. Avec le peu de cohésion géographique, politique et civile du peuple de la Petite Boukharie, ce protectorat offrait un grand avantage; il laissait subsister l'aristocratie civile et religieuse et lui ôtait presque tout pouvoir, sans user de la violence souvent nuisible à celui qui l'emploie; le peuple, d'esprit délié, changeant, terre à terre, demeurait en face de l'organisation indigène et de l'administration mantchoue, libre pour toute la vie quotidienne de se tourner vers l'une ou vers l'autre. La comparaison ne fut pas à l'avantage des autorités locales; privées de pouvoir, elles furent encore détestées et tournées en ridicule, sans que le peuple nonchalant essayât de se soustraire à leur influence; lorsque revint pour quelques années le règne des khodja et des molla, les habitants regrettèrent amèrement les fonctionnaires mantchous et la prospérité qu'ils répandaient. Ce n'est pas que les mandarins fussent tous exemplaires. Le gouverneur d'Ouch

Tourfân, Sou-tchheng, avec ses principaux subordonnés et imité par le hâkimbeg Abd oullah, se livra à tant de pillages et d'escroqueries, accabla les indigènes de toute classe de vexations si honteuses et d'un mépris si insultant, qu'une sédition éclata à la 2ᵉ lune 1765, faillit pour raisons analogues s'étendre à Khotan; Ouch ne fut repris par Ming-jwei qu'à la 8ᵉ lune. Cet éclat, en rappelant que le régime légal est insuffisant si les hommes ne l'appliquent pas en esprit de sincérité, rendit service à la cour de Péking; les choix de fonctionnaires furent peut-être dès lors irréprochables, à coup sûr la paix chinoise régna plus de cinquante ans[1].

[1] *Tong hwa lou*, Khyen-long, L, ff. 29 rᵒ, 30 rᵒ, 31 rᵒ, 36 rᵒ; LII, f. 43 rᵒ; LIV, f. 50 rᵒ; LVII, f. 62 vᵒ; LXI, ff. 15 à 17; LXII, ff. 18 à 20. — La monnaie chinoise fut fabriquée d'abord avec de vieux canons du pays, à Yârkend, ensuite à Aksou avec du minerai (1760); le change commercial cuivre argent au Sin-kyang n'étant pas conforme au change officiel de la Chine propre, plusieurs décrets de 1760 (à partir de la 11ᵉ lune) et 1761 prétendirent, sans succès, le réduire à la règle. En fait, l'uniformité ne fut même pas établie pour la monnaie; la sapèque du Turkestan ou datchin est plus grosse que la sapèque chinoise; le taël d'argent (37 gr. 7) vaut de 1.400 à 1.500 des secondes contre 412 des premières. Le tenga de Khotan est de 50 datchin, celui de Kàchgar de 25; mais tous deux sont également divisés en 50 poul; si le premier vaut 0 fr. 94, le second vaut la moitié. Le tchairek pèse 7 kg. 5 (Grenard, *Mission scientifique dans la Haute-Asie*, II, p. 228). Le rapport de Tchao-hwei donne: 1 tenga = 50 sapèques = 1 taël argent; 1 tchairek = 10 livres (de 604 gr.); 1 patma = 45 boisseaux (teou); les valeurs ont donc beaucoup changé depuis 1759. Mailla, XI, pp. 565-572, donne une analyse détaillée du rapport de Tchao-hwei, mais d'après un texte qui paraît différer de celui du *Tong hwa lou*.

# X

## LES VASSAUX DE L'OUEST, KAZAK, KHOKAND, ETC.
## RETOUR DES TOURGOUT. — L'EMPIRE MANTCHOU EN 1771.

La conquête de la Soungarie et de la Petite Boukharie mettait les Mantchous en contact avec un monde nouveau; d'après une croyance qui régnait chez les musulmans de l'Asie centrale, les Chinois devaient un jour conquérir tout l'univers, après quoi surviendrait la fin du monde : sans doute l'heure avait sonné. On voit alors le prestige de l'Empire briller d'un éclat qu'il n'avait pas atteint aux siècles des Han et des Thang, ainsi que le déclare l'empereur Khyen-long sur les stèles qu'il fit ériger pour commémorer ses victoires. Les Kazak de la Moyenne Horde [1], voisins de Khouldja et toujours en lutte avec les Soungar, avaient volontiers prêté à Dawadji et à Amoursana un appui qui justifiait des razzias fructueuses; chaque tribu agissait, d'ailleurs, séparément et, en 1756, un chef, Nalabat, attaqua Amoursana qu'il voulait livrer aux Mantchous; le prince khoit, avec trois cavaliers, se réfugia près d'Ablai khân. Celui-ci louvoya; il défendit d'abord son ancien ami, puis, l'abandonnant en apparence, il se réconcilia avec l'Empire (7e lune) dont il avait une fois déjà reconnu la suzeraineté (1754); il promit de procurer la soumission des deux autres hordes; les chefs de tribu, l'un après l'autre,

---

[1] Kazak de la gauche, ou yous d'Odour, à 1.000 li à l'est de Tharbagathai, à 1.000 li au nord de Khouldja.

suivirent son exemple, chacun isolément faisant soumission
aux généraux chinois, puis envoyant parfois des ambassadeurs
à la Cour ; les généraux faisaient parader et tirer leurs soldats
en présence des otok kazak, l'Empereur daignait inviter les
envoyés au banquet des tributaires, distribuait quelques présents. Des relations utiles et peu gênantes étaient nouées de la
sorte ; Ablai appréciait surtout dans les Mantchous une res-
source éventuelle contre les Russes. Dans la campagne de
1758, Tchao-hwei s'approcha des Bourout orientaux [1] et Fou-te
pénétra sur le territoire de Tàchkend, dont les habitants étaient
alors en guerre avec les Kazak de la droite [2] : Bourout, Kazak
et chefs de Tàchkend, au moins l'un d'entre ces derniers, firent
soumission, après que les belligérants eurent essayé de résister
et que les Kazak eurent été battus par le détachement chinois.
En 1759, lors de la fuite des khodja, le maréchal avertit tous
les peuples de l'ouest d'avoir à les arrêter ; Takthana, chargé
de cette mission, traversa avec un détachement le pays des
Bourout occidentaux [3], il pénétra jusqu'à Khokand et Margélân ;
Erdeni bi, de Khokand, envoya ses officiers pour le recevoir
et lui fit présenter chaque jour des moutons, du riz, du vin,
des fruits ; il lui donna aussi des tapis et des chevaux précieux;
les quatre villes, Khokand, Margélân, Namangân et Andidjân,
ainsi que tous les Bourout occidentaux, rendirent hommage à
l'Empereur que, dans leur lettre collective, Erdeni bi et Adji
bi, le chef des Bourout Edgenou, comparaient aux conquérants Roustem et Iskander (rapports présentés à la 9e et à la
11e lunes). D'eux-mêmes et au seul bruit des armes chinoises,
le souverain de Boukhâra en 1760 et 1764, celui des Afghans

---

[1] Au sud-ouest de Khouldja et au nord-ouest d'Aksou, plus de 8.000 familles ;
ils n'avaient pas de khân ; les cinq tribus indépendantes élisaient, à temps, un
chef commun.

[2] Les Kazak de la droite (yous d'Ourak), ayant pour khân Abilis, vivaient
entre Tàchkend, les Russes et les Kazak de la gauche ; ils formaient la totalité
ou une section de la Grande Horde.

[3] A trois cents li au nord-ouest de Kàchgar, comptant deux cent mille
hommes.

en 1762 envoyèrent ambassades et présents [1]. Nour Ali, khân
de la Petite Horde des Kazak, la plus éloignée, entra en relations avec l'Empire en 1762. Le palais de Péking ou les villas
impériales voyaient chaque année les missions de l'ouest,
Boukharie et Afghanistan, apporter les hommages des princes
musulmans, chercher pour les nouveaux souverains la reconnaissance de leur accession au trône [2], offrir les produits du
pays, jade, chevaux de race, tapis, lames de prix ; les chefs
kazak et bourout venaient souvent en personne, à moins qu'ils
ne fussent retenus par la crainte de la petite vérole. Quelques
alliances furent tentées contre la suprématie chinoise ; Ahmed
châh et Nour Ali, avec les princes des peuples interposés,
eurent l'idée d'une coalition [3], que le khân kazak fit connaitre
à l'impératrice Catherine (1764) ; c'est peut-être à ce plan que
se rattache l'invasion du Badakhchàn par les Afghans (1768),
Féizabâd fut pris, puis abandonné. L'Empereur suzerain, dont
les mandarins avaient des intelligences dans le pays, déclara
alors qu'il était inutile d'intervenir ; la diplomatie chinoise
donnait volontiers des ordres à ces tributaires lointains, mais
se savait presque aussi incapable de les contraindre à l'obéissance qu'elle les savait impuissants, faute d'union et d'organisation, à créer de sérieuses difficultés, même dans l'extrême
occident de l'Empire ; elle se contentait sagement de voir la
suprématie impériale proclamée jusqu'aux confins du monde.
Son rôle pratique, plus actif à Khokand que partout ailleurs,
se bornait à mettre la paix entre les tributaires, à exiger de
leur part le respect et la défense du territoire impérial, à favo-

[1] Mehemmed Rehim khân gouvernait alors Boukhâra, soit en son nom, soit
au nom des derniers khân Mangout. Le maître de Kandahâr, Kâboul et Hérât
était Ahmed châh Dourani (1746-1771). Voir Ch. Schefer, *Histoire de l'Asie
centrale*, pp. 9, 12, 16 à 18, 112, 115, etc.

[2] Par exemple, Ner Bouteh bi succède à son aïeul Erdeni bi (Khokand,
8e lune 1770) ; le Kazak Borot succède à son père Aboul Mambit (1773). Et
même, reconnaissance officielle à Ablai de son titre de khân (7e lune 1757).
Sur Ner Bouteh, voir *Histoire de l'Asie centrale*, pp. 210, 280.

[3] La Moyenne Horde, dont une partie vivait en Ili, ne pouvait s'y joindre.

riser le commerce entre les populations limitrophes, et entre celles-là seulement [1] : c'était, vu la distance et le caractère à la fois orgueilleux et instable des peuples de l'ouest, une œuvre souvent difficile, témoignant d'un pouvoir redouté et d'une influence incomparable.

Au milieu de cette gloire, en 1771, la Cour se préparait à célébrer pour la quatre-vingtième année de l'Impératrice douairière, ces fêtes par lesquelles la piété des Empereurs aime à solenniser les anniversaires notables ; tout à coup, au début de la 6ᵉ lune, l'on apprit qu'un peuple d'Olout, plus de cent mille hommes, non pas des Olout Soungar, il est vrai, mais des Olout Tourgout, se présentaient à la frontière d'Ili ; leurs chefs étaient appelés au séjour d'été de l'Empereur et le gendre impérial Septeng Pardjour partait en poste pour les recevoir. Mais qui étaient ces Tourgout et que désiraient-ils ? Tous les documents reproduits dans le *Tong hwa lou* montrent le Conseil ignorant des conditions récentes de ce peuple, méfiant de ses intentions ; le gendre impérial, devant être informé en sa qualité de Mongol, fut consulté sur l'origine et

---

[1] En 1762, Erdeni bi envahit le territoire des Bourout occidentaux ; la Cour le fait restituer. Erdeni bi est invité à livrer des réfugiés de Kâchgar (1763, 1764). 1767, guerre entre Erdeni bi et Ablai khân. — 1762 à 1764, le Badakhchân pille le pays de Bolor, puis accorde les réparations prescrites par l'Empereur. — 1757, 11ᵉ lune, la Chine autorise pour l'année suivante, au profit des Kazak, l'ouverture d'un marché d'échanges à Ouroumtchi (chevaux, bétail, soie, toile, thé). — 1760, 1ʳᵉ lune, le Ladag adresse une mission de félicitations et obtient de continuer son commerce suivant les anciens règlements. — 1760, 6ᵉ lune, les marchands balti sont autorisé à venir à Yàrkend ; le Baltistân est dit contigu à l'est au Tibet, à l'ouest au Kendoustân, ce qui englobe le Tchatrâl soit dans le Baltistân, soit dans le royaume de Koundouz. Voir p. 120, note. — 1763, 8ᵉ lune, interdiction aux Kazak d'aller commercer à Kâchgar et autres districts de la région. 1768, 7ᵉ lune, interdiction aux Kazak d'introduire des marchandises russes. — *Tong hwa lou*, Khyen-long, XLIII, ff. 20 v°, 27 r° ; XLV, f. 49 v° ; XLVI, ff. 56, 59 r°, 62 r°, 64 r°, 65 v° ; XLVIII, ff. 10 v°, 11 v°, 16 v° ; XLIX, ff. 21 v°, 22 r° ; L, ff. 30 v°, 33 r°, 35 v° ; LI, ff. 37 r°, 38 r°, 40 r°, 41 v° ; LIII, f. 44 r° ; LV, f. 51 r° ; LVI, ff. 55 v°, 59 r° ; LVII, ff. 59, 60, 61 r° ; LVIII, f. 2 v° ; LIX, f. 8 v° ; LX, ff. 9 v°, 12 v°, 13 r° ; LXI, f. 16 v° ; LXVI, f. 52 v° ; LXVIII, ff. 65 v°, 67 v°, 68 r° ; LXXII, f. 36 r°. — C. Imbault-Huart, *Recueil de documents sur l'Asie centrale*, pp. 115 et suiv. — Ch. Schefer, *Histoire de l'Asie centrale*, p. 281.

les antécédents des immigrants ; quelques fonctionnaires demandaient qu'on levât un contingent supplémentaire de vingt mille hommes chez les Khalkha de Sain noyan, chez les Ouryangkhai de l'Altai, chez les Tourbet de Soungarie. Khyen-long, dans un décret du 17, discute diverses supposi- tions. Les Tourgout obéissent à deux chefs principaux, Oubacha, le descendant et héritier du khân Ayouka, qui est le souverain suprême des Tourgout de Russie et contre lequel on n'a aucun soupçon justifié, Sereng, celui-là même qui, treize ans plutôt, a combattu avec opiniâtreté en Soungarie, qui à la soumission a préféré l'exode vers la Volga : celui-là peut-être un ennemi. Ces Kalmouks veulent se soumettre : est-ce une feinte et sont-ils d'accord avec les Russes ? Ces derniers ne savent rien[1] et l'Empereur n'admet pas l'hypothèse. Si Oubacha et Sereng sont également sincères, il faut les accueillir sans hésitation. Si le premier, bien disposé, est retenu par les conseils du second, la mission envoyée en Ili décidera Oubacha par la promesse des bienfaits impériaux, dont l'espoir inspirera sans doute à Sereng le regret de ses fautes ; et quand ce dernier s'obstinerait, son oulous, peu nombreux, serait facilement écrasé par les troupes ordinaires, qui peut-être seraient appuyées par Oubacha. Il se pourrait enfin que tous deux fussent des ennemis ; en ce cas, Septeng Pardjour prendrait le titre de maréchal, et avec Ilethou, maré- chal d'Ili, avec Chou-he-te, il soumettrait les Tourgout; il faut donc vérifier la condition présente des troupes, des approvi- sionnements, des relais, il faut se tenir prêt. Ainsi l'Empereur, comme son Conseil, est dans le doute sur la vraie pensée des Tourgout; il consent volontiers à admettre les déclarations faites au maréchal d'Ili par Zebek Dordji et les autres envoyés d'Oubacha ; que les chefs des Tourgout se rendent près de lui, ce sera la preuve de leur sincérité, on les établira dans l'ouest

[1] La Cour aurait donc consulté les Russes présents à Péking, mais ceux-ci pouvaient-ils être informés?

entre Khobdo et Tharbagathai, on les laissera communiquer avec les pontifes tibétains et le passé de Sereng sera oublié. Quant à l'extradition des transfuges inscrite au traité russe, il n'y a pas à tenir compte de cette clause que les Russes eux-mêmes ont violée en favorisant le passage de Sereng avec son oulous. Les instructions sages et précises de l'Empereur furent immédiatement exécutées [1].

Depuis Ayouka, quatre khân s'étaient succédé dans les steppes de la Volga [2] et toujours la transmission du pouvoir avait été accompagnée de compétitions et de troubles. Dondouk Ombo s'était révolté contre le khân choisi par les Russes et, réfugié sur le Kouban, avait obtenu l'appui des Turcs ; puis il avait su attirer à sa cause la plus grande partie de la horde et, à la mort du khân qui s'était retiré à Saint-Pétersbourg, avait été investi du titre par le gouverneur d'Astrakhan'. A sa mort, sa veuve Djan, une Circassienne, mère du successeur désigné qui était un enfant de dix ans, prit la régence ; les autorités russes ayant peu de confiance en une musulmane, donnèrent le pouvoir et le titre de vice-khân à Dondouk taidji, fils du fils aîné d'Ayouka ; Djan s'enfuit avec sept cents familles et fit appel à Nadir châh qui promit et ne vint pas ; elle fit alors sa soumission, elle et ses filles reçurent le baptême, ses trois fils cadets entrèrent dans l'armée russe. Dondouk Ombo, pendant ses six années de règne, avait guerroyé avec succès, vaincu les Tatars du Kouban, amené dans les steppes du sud et établi sous son autorité six mille familles de Turkmen du Mangichlak et huit mille familles de Nogaï ; son territoire s'étendait du Yaik au Don et de Tsaritsyn au Caucase ; vivant dans la prospérité et dans une paix relative, la population kalmouke s'était multipliée et atteignait le nombre de cent mille familles. Mais le khân n'était plus

---

[1] *Tong hwa lou*, Khyen-long, LXXIII, ff. 47, 48.

[2] Sereng Dondouk, fils d'Ayouka, khân en 1724 ; Dondouk Ombo, petit-fils d'Ayouka, khân en 1735 ; Dondouk taidji, petit-fils d'Ayouka, succéda en 1741 et eut pour successeur son fils Oubacha en 1761.

maître chez lui, nommé par les Russes, tenant d'eux son titre
et l'attendant souvent fort longtemps; Dondouk l'obtint en
1757, après seize années de règne. Dans la cérémonie de
l'investiture, le récipiendaire se prosternait trois fois en
l'honneur de l'Impératrice, prêtait serment, recevait le sabre,
la robe de parade des mains du gouverneur. Oubacha n'ayant
que dix-sept ans à la mort de son père, il fut décidé que les
sargatchi ou conseillers seraient désormais choisis par les
autorités russes et recevraient un traitement annuel de cent
roubles; un peu plus tard, Zebek Dordji, petit-fils du khân
Dondouk Ombo et compétiteur évincé d'Oubacha, fut nommé
chef des sargatchi et le collège des Affaires Etrangères se
réserva la décision en cas de partage. Trois cents otages de
familles nobles furent exigés. Celui que les Tourgout tenaient
pour leur souverain était ainsi officiellement privé d'autorité.
L'organisation du peuple n'était pas encore touchée, les zaisan
et les noyan (taidji) continuant de conduire tous leurs
hommes au khân, qui choisissait les plus aptes et en formait
des corps combattants; chaque zaisan jugeait et châtiait,
percevait la dîme du bétail, était entretenu de viande, de lait
et d'armes; comme par le passé, chaque homme libre devait
tenir toujours en état son cheval et ses armes; les biens se
composaient d'esclaves et surtout de troupeaux; pour toutes
les transactions avec les Russes, chaque prince chef d'oulous
avait son représentant près des magistrats de la ville voisine.
Le peuple tourgout gardait encore son autonomie, mais les
forts et les « lignes » empiétaient chaque jour; les colonies
allemandes, que le gouvernement russe commençait d'établir
sur le Don et la Volga, constituaient une autre menace; les
khân comme les lama voyaient avec déplaisir la faveur
témoignée aux convertis[1]; enfin et surtout le service militaire

---

[1] Il y avait eu quelques conversions dès la fin du xviie siècle et les Russes
avaient refusé de rendre aux princes tourgout les réfugiés convertis; le
nombre de ceux-ci augmentant, les Russes les établirent à part et leur
bâtirent la ville de Stavropol' (1737); seuls les princes et les juges kalmouks

russe faisait périr dans les guerres d'Europe et de Turquie un grand nombre de Kalmouks qui ne prenaient nul intérêt à la politique ingrate de Saint-Pétersbourg ; une loi nouvelle menaçait même d'enlever tous les jeunes gens à partir de dix-sept ans : c'était, disaient les anciens, la fin des Tourgout. En s'organisant à l'européenne et s'étendant vers le midi, la Russie devenait de plus en plus étrangère à ses sujets nomades et les comprimait sans cesse davantage ; de ce malaise durable était sortie quelque trente ans plus tôt la révolte des Bachkiry et devait bientôt provenir la sédition de Pougatchev. Cependant les Tourgout n'avaient pas rompu leurs attaches asiatiques, malgré les difficultés suscitées par les populations interposées. Si la mission chinoise de 1730 avait été accueillie par les agents russes, la voie de Sibérie paraît s'être fermée ensuite ; la route méridionale, passant chez les Soungar, était rendue incertaine par les hostilités fréquentes entre nomades ; elle fut cependant suivie en 1735. Le 10 septembre une mission tibétaine remit à Sereng Dondouk des lettres patentes du talé lama qui lui reconnaissait le titre de Daitching khân ; la réception fut somptueuse ; l'envoyé tourgout qui était allé solliciter le pontife, le légat de celui-ci, des lamas en procession brûlant des parfums escortaient les présents, les reliques, les étendards sacrés, la lettre patente expédiés du Potala. La consécration tibétaine fut officiellement communiquée au résident russe et, avant la fin de l'année Dondouk Ombo, le compétiteur, était en fait le maître. En 1756 et 1757, une mission tourgout, dont l'objet n'est pas indiqué, se rendit de Péking à Lhasa et revint à Péking ; elle avait traversé la Sibérie et avait voyagé trois ans pour atteindre Péking ; elle fut reçue par l'Empereur à l'aller et au retour[1]. Aucun document ne permet d'affirmer que des négociations précises

vivaient dans la ville ; la population chrétienne établie aux alentours se montait à 14.000 âmes en 1771.

[1] *So fang pei cheng*, liv. 38. — *Histoire des découvertes*, II, pp. 36, 37 ; III, p. 332 à 347.

aient été suivies entre la cour nomade de la Volga et la cour mantchoue ; au contraire l'attitude de Khyen-long et de son Conseil à la 6e lune de 1771 les montre surpris par l'évènement.

Le souvenir des pâturages de la haute Asie, l'amour de l'église jaune, toujours très vivants chez les lama et chez les taidji, prenaient un relief accentué par le contraste avec la politique russe. L'arrivée de Sereng, parent du khân [1], et de son oulous aviva ces sentiments ; ils venaient favorisés par les Russes et en haine des Chinois, ils quittaient les vastes territoires rendus presque déserts par le massacre des Soungar et trouvaient les steppes rétrécies chaque jour par la colonisation, le prince échangeait l'autorité lointaine d'un souverain allié, presque parent, contre les tracasseries d'une bureaucratie dédaigneuse. Pourquoi tous les Tourgout unis ne retourneraient-ils pas à la terre des ancêtres ? Sereng, et surtout le grand lama tourgout s'appliquèrent à répandre cette idée. En 1769 et 1770, Oubacha, qui n'avait toujours pas le titre de khân, appuya les Russes dans la guerre contre la Turquie ; ses trente-cinq mille hommes remportèrent des avantages marqués ; le prince était d'autant moins disposé à subir les vexations, le langage insultant habituels au commissaire du gouvernement. L'exode décidé, le départ fut fixé par le grand lama au 5 janvier suivant (1771) ; averties par des dissidents, les autorités russes demeurèrent indifférentes, incrédules, elles fournirent même aux Tourgout deux canons et des munitions pour combattre les Kazak. L'hiver fut très doux, à l'époque fixée la Volga n'était pas encore prise ; tous les Kalmouks de la rive droite ne purent passer le fleuve et restèrent ; d'ailleurs tous n'étaient pas disposés à émigrer. Les Tourbet, amenés au XVIIe siècle par Solom Dzereng et accrus par des immigrations successives, avaient depuis lors vécu près des Tourgout,

---

[1] Sereng descendait du fils cadet de Pei-kwo Ourlouk et Oubacha, par Khou Ourlouk, représentait la branche aînée.

prenant part dans leurs querelles, beaucoup moins nombreux
et craignant d'être absorbés ; les alliances matrimoniales entre
les chefs avaient envenimé les relations ; par ressentiment, les
Tourbet annoncèrent aux Russes la fuite décidée et restèrent
dans les steppes. Un petit nombre de Khochot immigrés en
1759, plusieurs oulous tourgout n'osèrent reprendre le chemin
de l'Orient ou, s'étant mis en route, revinrent sur leurs pas.
Quinze mille familles kalmoukes demeurèrent donc en Occident, tandis que Oubacha emmenait plus de soixante-dix mille
familles. La Russie se trouva tout d'un coup privée de plusieurs centaines de mille nomades dont l'industrie pastorale
enrichissait le sud de l'empire ; de caractère peut-être incon-
stant, mais en somme auxiliaires utiles, ils laissaient la steppe
de la Volga presque vide, ouverte aux entreprises des voisins ;
c'était un recul de l'Asie, mais non pas un progrès de la société
occidentale. Les Kalmouks restants devinrent pour le gouvernement un objet de méfiance ; les dignités de khân et de vice-
khân ne furent pas relevées : le prince des Tourbet et les principaux chefs furent retenus à Saint-Pétersbourg ; l'autorité fut
exercée par des zaisan, souvent héréditaires, commandant à
cent ou cent cinquante familles et placés sous la surveillance
tantôt de la chancellerie d'Astrakhan', tantôt d'un autre organe
officiel. La horde des Kalmouks de Russie perdait totalement
la qualité d'Etat autonome[1].

Au départ, les fugitifs mirent à mort un certain nombre
d'artisans et de marchands russes qui se trouvaient parmi eux,
et emmenèrent un petit corps de dragons et de cosaques cap-

---

[1] C'est un prince khochot de Russie, Sered-Jch, qui fut visité en 1823 par
deux agents d'une société biblique : élevé à l'européenne, il était colonel
russe et il avait fait plusieurs campagnes en Occident pendant les guerres de
l'Empire (*Calmuc Tartary, or a Journey from Sarepta to several Calmuc hordes*,
by Henry Augustus Zwick). Il est probable que d'autres nobles kalmouks ont
pris part à la campagne de France. — *Voyage de Benjamin Bergmann chez
les Kalmuks*, traduit par M. Moris ; suivi de *Essai sur la fuite des Kalmuks
des bords du Volga*, et *Aventures de M. de Weseloff*, 1 vol. in-8, Châtillon-
sur-Seine 1825.

turés au passage ; ils voulaient que le secret de leur fuite
s'ébruitât le plus tard possible et ils n'avaient agi ainsi que par
nécessité, répondirent les princes à l'empereur Khyen-long
qui s'informait du sort des Russes. En fait les actes de cruauté
furent exceptionnels. Pour alléger la marche, on avait détruit,
abandonné, transformé pour usage de campagne la plus grande
partie des objets mobiliers, grandes tentes des chefs, mon-
naies russes, etc. Les femmes, les enfants, le bétail occupaient
le centre de la caravane entourée de tous côtés par les hommes ;
Oubacha avec quinze mille guerriers d'élite protégeait l'arrière
ou les flancs de la caravane, selon les occurrences. Après le
passage du Yaïk, puis en arrivant vers le Tourgaï, les Kalmouks furent poursuivis par un petit détachement de cosaques,
ensuite par un corps que commandait le général Traubenberg
et que soutenaient Nour Ali khân et ses Kazak ; mais ils avaient
de l'avance. Cependant la fatigue, la longueur du chemin à
travers les sables desséchés ou les marécages, avec le passage
des ruisseaux grossis au printemps, les souffrances à la fonte
des neiges, à la chaleur croissante, le manque de nourriture
pour les animaux et la perte du bétail, les maladies, la famine
abattaient les courages, firent songer à retourner : mais il y
avait autant de dangers en arrière qu'en avant. Puis il y eut
les attaques des Kazak ; Nour Ali, avec la Petite Horde, revint
à la charge, Ablaï et la Moyenne Horde se joignirent à lui ;
plus loin, après le lac Balkhach, les Bourout pillards furent
terribles. Enfin, après six mois de marche, de la 11ᵉ à la 6ᵉ lune
la lamentable troupe parvint à la frontière d'Ili, rapidité surprenante pour l'exode de tout un peuple ; mais les trois quarts
du bétail avaient péri ; sur peut-être quatre cent cinquante mille
hommes, il en restait deux cent quatre-vingt mille, exténués,
vêtus de haillons, allant nu-pieds [1].

Les rapports des mandarins d'Ili eurent vite convaincu

---

[1] Une autre évaluation admet au départ 330.000 bouches et 169.000 à
l'arrivée.

l'Empereur que cette multitude de suppliants n'était pas à craindre ; il fallait seulement éviter de les transformer en pillards. Khyen-long se met aussitôt à organiser les secours : acquisition de bétail à Pa-li-khwen, Khamil, Tourfân, achat de vêtements dans toutes les provinces du nord ; robes de fourrure, robes ouatées, feutres, souliers, chaussettes, qu'on achète du neuf ou du vieux, les vieux vêtements pourront encore couvrir ceux qui sont nus; les nattes, les sacs pourront être transformés en tentes ; le froid va venir, il faut se hâter ; mais on ne trouve pas sur le marché assez d'habits tout prêts ; qu'on envoie de la toile, des ballots de coton, les femmes sauront s'en servir, qu'on n'oublie pas les aiguilles, le fil. Il faut faire les expéditions par poste dès que deux ou trois cents ballots sont prêts, de façon continue. Le langage impérial, tout pratique, tranche dans cette circonstance sur le ton solennel accoutumé, expose tous les détails, trouve des accents familiers pour féliciter les fonctionnaires qui s'acquittent bien de leur mission. Sans compter les premiers secours, on envoie aux Tourgout avant la 10e lune : plus de 250.000 têtes de bétail de toute nature, 20.000 paquets de thé, 41.000 piculs de grain, 51.000 robes en peau de mouton, 61.000 pièces de toile, 59.000 livres de coton, on emploie encore 200.000 taëls d'argent[1]. Si les chiffres sont exacts, la bienfaisance ne se répand pas souvent en pareilles largesses. Quand on eut fait face aux besoins les plus pressants, les chefs appelés à la Cour s'y rendirent suivant leur promesse ; reçus en audience avec Oubacha le 8 de la 9e lune, ils furent traités magnifiquement ; quelques jours plus tard, Oubacha fut créé khân, Zebek Dordji et Sereng eurent le titre de prince impérial ; le reste de la noblesse fut l'objet de distinctions graduées confirmant ses pouvoirs héréditaires. Toute la nation fut divisée en cinq

---

[1] La rédaction du texte, *Tong hwa lou*, Khyen-long, LXXIII, f. 53 r°, et *So fang pei cheng*, liv. 38, manque de clarté sur ce dernier point ; mais il est inadmissible que ces 200.000 taëls représentent le coût des marchandises énumérées.

ligues sous des chefs investis par l'Empereur ; établie dans les pâturages de l'ouest, elle fut placée sous la surveillance du maréchal et des résidents impériaux d'Ili, de Kourkara ousou, de Tharbagathai, de Khobdo, de Karachahr. A l'ouest des Khalkha, organisé comme eux, un nouveau peuple tributaire assumait la défense de la frontière impériale. Khyen-long se montra orgueilleux du retour des Tourgout, à juste titre : sans qu'il touchât les armes ni qu'il mît en action sa diplomatie, plusieurs centaines de mille hommes avaient traversé la moitié de l'Asie pour se ranger sous les lois de l'Empire et étaient venus rehausser l'éclat de l'anniversaire de la vieille Impératrice, un dessein si grandiose ne pouvait émaner que de la Providence. A coup sûr, semblable satisfaction n'a pas été donnée à beaucoup de souverains [1].

Le retour des Tourgout marque l'apogée de l'Empire Mantchou. Partie cent cinquante ans plus tôt du nord de la Corée, la race des Aisin Gioro déborde alors à l'ouest du Pamir ; courageux, ordonnés et pratiques, tenaces et diplomates, les Empereurs ont mis la paix dans la Chine et chez les Mongols, usant de la valeur mongole pour mater le désordre chinois, de la finesse et de la richesse chinoises pour dominer la fierté aristocratique et batailleuse des Mongols ; les lama tibétains leur ont fourni l'appui de la religion ; une fois les Soungar anéantis après avoir si longtemps balancé la fortune mantchoue, les peuples des confins de la terre sont venus à l'envi implorer la protection de l'Empire, demander une part de ses richesses, un reflet de son éclat. Jamais la Chine n'a été si grande ni si compacte. L'Empire s'est fondé en apprivoisant ou contraignant tout l'ensemble de la famille mongole.

---

[1] *Tong hwa lou*, Khyen-long, LXXIV, ff. 48 v°, 49 r°, 52, 53, 55 v°, 58 r°. — *So fang pei cheng*, liv. 38.

Depuis le xvi⁰ siècle, Thoumed et Soungar se sont successivement élevés dans les steppes et les vallées du nord, au-dessus des autres tribus. Après la chute des premiers, uniquement guerriers, les autres se sont établis au carrefour des routes qui mènent d'Occident en Orient ; les dominant par leurs armes redoutables, ils les ont employées à des fins pacifiques, ils ont rapproché le Chinois du Boukhariote, ils ont échangé les denrées de l'Inde et du Yang-tseu, de la Sibérie, de l'Occident musulman et chrétien. Appuyés longtemps sur l'alliance tibétaine, maîtres de la Petite Boukharie, les kontaicha ont rapproché en une confédération tous les Mongols avoisinants; ils ont enrichi leur peuple nomade par le commerce, ont commencé de le fixer au sol, ont dressé un empire entre les Moscovites qui colonisaient le nord, et les Mantchous qui se faisaient les suzerains, les protecteurs des Mongols. Mais ils n'ont pu fondre les diverses tribus sujettes : grâce à l'unité mantchoue et à la richesse chinoise, les Empereurs ont arraché à l'adversaire ses alliés, ses territoires avant de le déchirer et de l'anéantir.

Cette œuvre accomplie, rien ne sépare plus, de l'Irtych à l'océan oriental, l'Empire Russe tourné vers l'Europe de l'Empire Mantchou entouré de ses vassaux. En 1771, l'Empire Mantchou est construit, il n'a plus d'ennemis à redouter dans l'Asie centrale : la tâche des Empereurs sera de l'entretenir et de le consolider.

Abel Rémusat, *Ouboucha, prince des Tourgaouts (Nouveaux mélanges asiatiques*, tome II, p. 102 ; 2 vol. in-8, Paris 1829).

*Ching tsou, Kao tsoung (id.*, tome I, pp. 21 et 45).

G. Timkovski, *Voyage à Péking à travers la Mongolie en 1820 et 1821 par.....; traduit du Russe par M.* ***, *revu par M. J.-B. Eyriès; publié avec des corrections et des notes par M. J. Klaproth.....* 2 vol. in-8 et 1 atlas, Paris 1827.

*Geschichte der Ost-Mongolen und ihres Fürstenhauses, verfasst von Ssanang Ssetsen Chungtaidschi der Ordus.....* traduction de I. J. Schmidt, 1 vol. in-4, Saint-Pétersbourg 1829.

Henry H. Howorth, *History of the Mongols from the 9 th to the 19 th century.* Part I, *the Mongols proper and the Kalmuks.* 1 vol. in-8, Londres 1876. Part II, *the so called Tartars of Russia and of Central Asia.* 1 vol. in-8, Londres 1880. Ouvrage confus, mais très consciencieux.

Charles Schefer, *Histoire de l'Asie Centrale (1740-1818) par Mir Abdoul Kérim Boukhary, traduite par.....* 1 vol. grand in-8, Paris 1876. L'auteur parle soit *de visu* soit par tradition directe ; en appendice, traduction de plusieurs textes très importants.

Eugene Schuyler, *Turkistan.* 2 vol. in-8, Londres 1877.

Demetrius Ch. Boulger, *the Life of Yakoob Beg; Athalik ghazi and Badaulet; Ameer of Kashgar.* 1 vol. in-8, Londres 1878.

Sarat Chandra Das, *Contributions on the religion, history, etc. of Tibet (Journal of the Asiatic Society of Bengal*, N. S., vol. I).

Camille Imbault-Huart, *Recueil de documents sur l'Asie centrale.* 1 vol. grand in-8, Paris 1881.

C. Imbault-Huart, *Récit officiel de la conquête du Turkestan par les Chinois (Bulletin de Géographie historique et descriptive*, 1895, pp. 87 et suiv.).

W. F. Mayers, *the Chinese Government.* 1 vol. in-8, Chang-hai 1886.

F. Grenard, *le Turkestan et le Tibet. Etude ethnographique et sociologique.* 1 vol. grand in-8, Paris 1898 *(Mission scientifique dans la Haute-Asie 1890-1895*, tome II).

Berthold Laufer, *Skizze der Mongolischen Literatur (Revue Orientale ou Keleti Szemle*, tome VIII, pp. 165-261, Budapest, 1907).

J. C. White, *Sikhim and Bhutan, twenty one years on the north-east frontier 1887-1908.* 1 vol. in-8, Londres 1909.

Ch. E. Bonin, *le Bhoutan et son développement historique (l'Asie française*, 1910, p. 468). Voir aussi *Revue de Paris*, 1er décembre 1910, p. 653.

W. W. Rockhill, *the Dalai lamas of Lhasa and their relations with the Manchu Emperors of China 1644-1908 (T'oung pao*, vol. XI, pp. 1-104, Leyde 1910).

*Mission d'Ollone 1906-1909. Recherches sur les musulmans chinois par le Commandant d'Ollone*..... 1 vol. in-4, Paris 1911.

E. Haenisch, *Bruchstücke aus der Geschichte Chinas unter der gegenwärtigen Dynastie (T'oung pao*, vol. XII, pp. 197 et 375, Leyde 1911).

Gaston Cahen, *Histoire des relations de la Russie avec la Chine sous Pierre le Grand 1689-1730*. 1 vol. in-8, Paris 1912.

*Tong hwa lou*, annales de la dynastie régnante, de l'origine à 1735; par Tsyang Lyang-ki. L'auteur, dans un avant-propos en quelques lignes, rapporte qu'en 1765 il fit partie d'une commission officielle de rédaction, dans les bureaux de la porte Tong-hwa; il prit alors des notes d'après les pièces officielles et privées. Cet ouvrage est très abrégé; voir plus bas l'autre ouvrage du même nom.

*Li fan yuen tse li*, règlements de la Cour des Tributaires; publication officielle postérieure à 1817.

*Cheng wou ki*, mémorial des campagnes de la dynastie régnante, de 1603 à 1841; écrit à Kyang-tou par Wei Yuen, un magistrat provincial (✝ 1856), qui obtint communication d'archives officielles et privées. Livre 3, guerres contre les Mongols et les Soungar dans les périodes Khang-hi et Yong-tcheng; livre 4, guerres et soumission des Soungar et de l'Asie centrale (périodes Khyen-long et Tao-kwang); livre 5, soumission du Tibet, guerre contre les Gourkha; livre 6, rapports avec les Russes, etc.; livre 7, guerres au Kin-tchhwan (Tibet oriental), etc.

*So fang pei cheng*, recueil relatif à la frontière du nord. Les auteurs Ho Tshyeou-thao et Kwo Song-thao reproduisent de nombreux textes géographiques et historiques touchant les Mongols, les Soungar, les Russes, etc. (p. e. le *Yi yu lou*, de Thou-li-tchhen, récit de son voyage à la Volga); ils font d'après des ouvrages antérieurs l'historique des relations de la Chine avec ces peuples. En 1858, ils firent présenter leur œuvre à l'Empereur, qui les honora de distinctions flatteuses; Kwo fut plus tard le premier ministre de Chine envoyé en Europe. Un autre recueil, *Pei kyao hwei pyen*, dû aussi à Ho Tshyeou-thao, donne la plupart des mêmes textes et en outre le *Si tsang ki*, relation anonyme d'un voyageur au Tibet (XVIII° siècle).

*Mong kou yeou mou ki*, notices sur les terres de pâture des Mongols, ouvrage de Tchang Mou, complété et édité après la mort de l'auteur par Ho Tshyeou-thao (1859).

*Kwe tchhao syen tcheng chi lyo*, vies des hommes remarquables de la dynastie; par Li Yuen-tou (1866), qui a travaillé sur les œuvres imprimées et sur les archives des particuliers (liv. 5, Fei-yang-kou; liv. 13, Tchao-hwei ; liv. 14, Yo Tchong-khi ; liv. 17, Chou-he-te ; liv. 18, Fou-heng ; liv. 19, La-pou-twen, Panti, Oyonggan, Ming-jwei).

*Tong hwa lou, Tong hwa syu lou*, annales de la dynastie, de l'origine à 1874, par Wang Syen-khyen, fonctionnaire au bureau des Annales. Inspirée par le premier *Tong hwa lou*, cette compilation est beaucoup plus étendue. La situation de l'auteur lui donnant accès aux archives, il a pu rassembler une grande masse de textes officiels, si bien que son œuvre apparaît comme une copieuse collection d'extraits de la *Gazette de Péking* ; elle est même encore plus complète, puisqu'elle renferme d'autres textes, par exemple des préfaces, des inscriptions composées par les Empereurs. Wang Syen-khyen est l'auteur de plusieurs autres ouvrages (voir une notice détaillée de M. Pelliot, *Bulletin de l'Ecole française d'Extrême-Orient*, tome III, p. 686, note 4).

*
* *

J'indique pour mémoire quelques ouvrages d'importance diverse que je n'ai pas eu le moyen de consulter ; une liste de ce genre peut facilement être allongée :

*Sammlung Russischer Geschiehte*, de G. Fr. Muller. — *Ejémésyatchnyya sotchinéniya k pol'zé i ouvéséléniyou sloujachtchiya*, du même, et autres œuvres du même auteur, qui ont été préparées et publiées de 1732 à 1764.

*Samlungen historicher Nachrichten über die Mongolischen Völkerschaften durch P. S. Pallas*. 2 vol. in-4, Saint-Pétersbourg 1776-1801. — *Neue Nordische Beyträge*, etc., et autres ouvrages du même.

*Mongolo-Oïratskiè zakony 1640 goda, dopolnitel'nyè oukazy Galdankhoun-taïdjiya i zakony, sostavlennyè dlya voljskikh Kalmykov pri kalmytskom khanè Dondouk-dachi*, par Golstounskiï. 1 vol. in 8, Saint-Pétersbourg 1880.

*Geschichte des Buddhismus in der Mongolei, aus dem Tibetischen..... übersetzt und erläutert von Dr. Georg Huth*, 2 vol. in-8, Strasbourg 1893, 1894. — *Die Inschriften von Tsaghan Baisin*. 1 vol. in-8, Leipzig 1894.

En général, les travaux de Golstounskiï, Galdzang Gomboev, A. M. Pozdnêev sur les historiens kalmouks, etc.

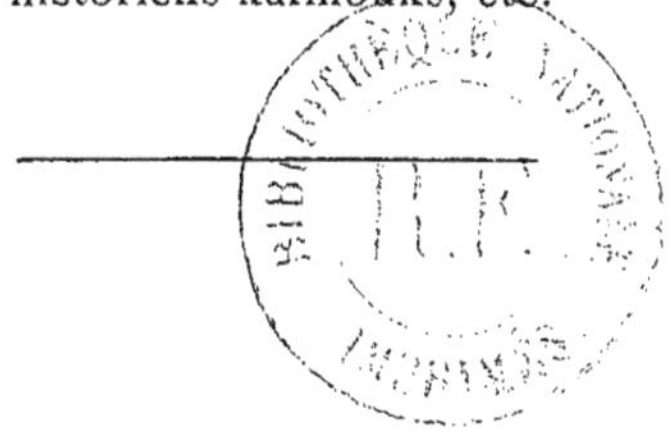

*Vu :* Lyon, le 18 Octobre 1912,
LE DOYEN DE LA FACULTÉ DES LETTRES
DE L'UNIVERSITÉ DE LYON,
L. CLÉDAT

*Vu et permis d'imprimer :*
Lyon, le 18 Octobre 1912,
LE RECTEUR DE L'ACADÉMIE,
JOUBIN.

www.ingramcontent.com/pod-product-compliance
Ingram Content Group UK Ltd.
Pitfield, Milton Keynes, MK11 3LW, UK
UKHW020207130726
13696UKWH00002B/756